Bzz...

39, quai des Grands Augustins
75006 Paris
ISBN : 2-35013-011-8

Guillaume COCHIN

Bzz...

Jean-Claude Gawsewitch Éditeur

— Quel est ton but en philosophie ?
— Montrer à la mouche l'issue par où s'échapper de la bouteille à mouches.

WITTGENSTEIN
Investigations philosophiques

I

La fameuse canicule de l'été 2003 !

Je n'étais pas prêt à passer l'arme à gauche et j'ai fait partie des quinze mille morts recensés officiellement. Les vieillards grabataires, asséchés, asphyxiés, abandonnés dans leur studio misérable ou leur maison de retraite, passe encore ! Mais moi… J'habitais le VIe arrondissement, j'étais journaliste, nanti et, ma foi, jeune. Enfin, quarante-cinq ans, ça me semblait jeune. Et pourtant…

Je suis mort dès les premiers jours d'août. La chaleur était proprement infernale, les murs transpiraient, les toits pris d'insolation semblaient flotter au-dessus des bâtisses. Le macadam fondu collait aux semelles et les portes cochères se dilataient à en sortir de leurs gonds. La ville entière aurait voulu se mettre nue. Pas même un souffle de vent pour sécher la sueur.

Maryse était partie à la piscine avec les enfants. Je les imaginais barbotant au milieu des crachats, dans une eau javellisée… Elle avait insisté pour que je les accompagne.

Mais la piscine municipale, je n'ai jamais aimé. Le slip de bain moulant qui dégage deux jambes bien poilues, les gosses qui sautent en éclaboussant tout le monde, la proximité bruyante, rien de tout cela ne me tentait. Avec cette chaleur, ce n'était pas l'image que je me faisais d'un bain rafraîchissant. Enfin, elle était partie et les enfants aussi.

Mais quel bonheur d'être là, allongé sur mon lit, à rêvasser devant la télévision.

En attendant les infos du dimanche, d'une main molle, je zappais d'une chaîne à l'autre, désespéré de ne trouver ni Rachid Ahrab ni Pascal Sevran et ses accordéonistes, partis en vacances. J'adore regarder ses chorégraphies misérables et si sexy des *girls* de sous-préfecture. Ça donne envie de pencher le poste pour jeter un œil sous les jupettes virevoltantes.

Du vrai grand spectacle de télévision, soporifique et excitant. Je m'enfilais des gorgées d'eau tiède et, d'un geste souple, laissais les dernières gouttes de la bouteille ruisseler sur mon front. L'eau descendait sur mes paupières, coulait sur les ailes de mon nez et venait mourir sur mes lèvres. Je sortais ma langue asséchée et me léchais les babines.

La fenêtre était grande ouverte, dehors la chaleur absorbait les sons. Pas de voiture, pas de piéton, pas d'avion, pas même un pigeon. Tout le monde s'était réfugié dans son frigo, entre le beurre et un reste de salade de tomates.

J'étais bien, je ne savais pas que j'allais mourir quelques minutes plus tard ; et pourtant, on me l'aurait assuré, je n'aurais rien fait de plus formidable que rester là, allongé, à buller.

À la question : « Imagine qu'il ne te reste que dix minutes à vivre ; qu'est-ce que tu fais ? », la réponse est souvent la même : ranger mes affaires, tirer un coup, bouffer. Moi je resterais là à sentir que je vis, à sentir l'air dans mes poumons, sentir le temps qui s'égrène seconde par seconde, jouir des battements de mon cœur, regarder les objets posés sur les étagères, écouter un klaxon lointain, être immobile, inerte, ectoplasme.

Mais ça c'est du cinéma, en réalité, si j'avais su l'heure exacte de ma mort, j'eusse été moins serein…

La sonnerie du téléphone retentit.

C'était mon pote Guillaume, derrière lui j'entendais Alexandre qui vociférait, ils m'appelaient du café de Flore.

— Qu'est-ce que tu fous ? On t'attend !

— J'arrive !

C'était un dimanche d'été comme la France n'en avait pas connu depuis 1976. À 13 h 30, le mercure avoisinait déjà les 41 degrés. Pourtant, ce dimanche-là, comme tous les dimanches, je ne dérogerais pas au sacro-saint rituel de l'amitié. Je retrouverais les copains de l'autre côté de la rue, on se raconterait les dernières histoires de nos rédactions respectives, les histoires de cul et de pouvoir, les bons trucs à ne pas rater, les soirées auxquelles il faudrait assister, sous peine de déchoir dans l'échelle culturo-journalistico-branchée.

À 13 h 45, après la météo, je voulus me lever. En vain. Mon corps refusait de se désolidariser de mon matelas. J'avais l'impression de peser des tonnes. Je parvins finalement à me traîner jusqu'à la salle de bains. Sous la douche, mon corps reprenait vie peu à peu et j'avais plaisir à voir mon torse, musclé sans excès, hâlé, encore fringant et agréable au regard. Un quadra dans toute sa splendeur ! Si j'avais voulu… Qu'est-ce qui me retenait ? Maryse, les enfants ? Bof. Peut-être la peur des complications, plus que les scrupules ou l'angoisse du remords.

J'enfilai un bermuda, un tee-shirt et des espadrilles. Dans le hall d'entrée presque frais, je pris ma respiration pour sortir en apnée dans la rue du Dragon. Une langue de feu léchait l'asphalte, carbonisant les passants. Je me souviens m'être dit que la rue portait bien son nom.

Tout le poids du soleil sur les épaules, je me dirigeais vers le Flore, lorsque je m'effondrai. Net.

Mes jambes ont cédé, mes bras le long du corps, comme un château de cartes, tout est tombé dans le caniveau. Je suis mort le 4 août 2003 à 14 h 07, en bermuda, à l'âge de quarante-cinq ans, avec des cheveux gris et un corps de jeune homme.

Écroulé, tous muscles détendus, un chiffon de peau souple et lourd, un millefeuille de viscères posé sur le trottoir. Je me suis vu couler sur moi-même, dégoulinant sur mes chaussures. Les immeubles se sont refermés sur le ciel, les perspectives se sont enroulées et ont tourné. Une tornade de pierres. Je pars, je quitte cette terre, je suis une poussière avalée par le siphon de l'évier, mes yeux révulsés regardent au travers de mon crâne les fluides qui se déversent comme des ruisseaux dans mon cortex. C'est beau, je suis bien. Aucune souffrance, aucune…

Je fonds sans douleur.

Des passants se penchent sur moi, une ambulance arrive. J'entends parler de Georges-Pompidou... Bon, au moins je crois qu'il a bonne réputation, cet hôpital.

La lumière est si violente, une gifle qui claque sur mes yeux. La tête sur le trottoir, ma nuque touche le granit du caniveau, ma peau collée comme une lame de viande sur de la pierre de lave. Mes paupières ne parviennent plus à tomber et le soleil grille mes rétines. Un bout de cellophane qui se chiffonne. Un blanc immense, pur et absolu me mange le visage, le crâne, le corps, mon être tout entier.

C'est étrange de trépasser, vite et bien, sans aucune douleur. Je suis bien mort ce jour-là.

Je dois l'avouer, j'ai toujours eu terriblement peur de mourir. Pas un jour sans voir la scène de ma mort : Maryse et les enfants défilant à mon chevet, mouillés de sanglots étouffés. Un drame antique et larmoyant, vision égocentrique et magnifique de mon trépas.

Mais au fond, j'ai toujours su que ça ne se passerait pas ainsi, j'ai toujours su que les êtres chéris ne tardent pas à vous oublier.

J'ai oublié mon propre père. Parce qu'il est parti et que je suis resté. Aujourd'hui, c'est moi qui pars. Et si Maryse m'oubliait, si les amis m'oubliaient, si le monde m'oubliait ?

Maryse… Avec sa quarantaine flamboyante, je ne la vois pas porter le deuil *ad vitam aeternam*. Bien sûr elle m'aime, pas de doute là-dessus. Mais il faut voir les choses en face. Elle a à peine quarante ans, elle est encore pas mal (il faudrait que je pense à le lui dire, tiens, ça lui ferait plaisir – il faudrait que je pense à lui faire plaisir) ; il serait dans l'ordre des choses qu'elle refasse sa vie.

Et même, allons plus loin, c'est l'heure d'être lucide : si elle évite les excès alimentaires et continue à traverser sur les passages cloutés comme à son habitude, Maryse peut refaire sa vie encore au moins trois fois.

Que restera-t-il de nous, alors ? Quelques souvenirs, des photos, tout au plus. Pour le reste… Toutes ces pensées m'écœurent. Elle qui recommence une vie, alors que la mienne se termine !

Qu'est-ce qui m'arrive ? Je débloque, mes idées vont trop vite, le cerveau ne suit pas, à cette allure. Comment ai-je pu construire tout ça, un véritable délire ?

La vie est si lente quand on la vit, et si rapide quand on arrive au bout.

On n'a pas eu le temps d'acheter sa première bagnole qu'on a déjà un gosse, on croit qu'une nuit d'amour est éternelle et voilà qu'on ne se souvient même plus avec qui on a couché. On court après l'argent et soudain, il faut le laisser aux enfants, écrire son testament, prévoir un caveau…

Imaginer mon entourage sans moi et vivant malgré tout me fait mal. Comme j'aurais dû profiter de tout cet amour qui m'entourait il y a à peine quelques heures ! Comme je les ai probablement négligés !

Où donc vais-je me retrouver maintenant ? Poussière redevenue poussière... Cette belle intelligence, mon talent, mes relations durement acquises, tout ce qui compte, tout ce qui fait une vie, tout cela donné en pâture au néant, quel gâchis !

Il y a bien l'espoir du paradis. Quelle consolation ! La surpopulation m'angoisse, que ce soit de corps ou d'âmes. Je n'aspire pas aux HLM du ciel.

J'aurai tout vécu de ma mort. Un départ cotonneux, une chute dans une neige profonde et chaude comme de la cire. Une lumière immaculée, un silence aussi fort qu'une note stridente. Le temps après lequel on court, toutes ces secondes mêlées et les minutes passées aussi vite que les années vécues. En un instant, tout défile.

Mon père, mes fils, ma femme, les autres, les rires, les larmes, les villes, les campagnes, mon corps, ma queue, ma première clope, ma dernière clope, il y a dix minutes. Une vie précise, avec ces détails qu'on oublie de fixer et qui demeurent malgré tout au fond de notre cerveau, côtoyant les moments essentiels devenus dérisoires.

J'ai vu le jour, la nuit survient. Chaude, douce, noire, très noire, et piquée de paillettes argentées. Une toile tombe, un voile recouvre le visage, plongeon dans la galaxie à la vitesse de Dieu.

Je me souviens d'une sensation de flottement, de conscience éthérée et terriblement présente. Plus de corps, de maux, de poids. L'esprit libéré file vers les étoiles. Un trip, presque un truc de junkie. Une attraction irrésistible vers un tunnel galactique. Les parois frôlent mes tempes, le reste de mon corps étiré sur plusieurs kilomètres. Une sorte de super-lombric.

Je suis devenu liquide, une pâte d'eau et de chair. Un drôle de truc, juste bourré d'émotions.

Tout au bout de mon autoroute lugubre, une petite lueur commence à poindre. Une tête d'épingle rayonnante. La lumière que j'ai quittée, celle de la vie peut-être, allez savoir.

II

Je file dans mon tube comme une missive envoyée en pneumatique, et la clarté m'éblouit. Soudain, j'entrevois du bleu... Le ciel à nouveau ? Je retrouve une sensation de chair, de température.

J'esquisse un mouvement, j'avance d'un millimètre. C'est étrange, je bouge et ne bouge pas. J'ai la sensation d'être emmailloté, un petit poupon corseté dans un linge. Et pourtant je sens un glissement à même la peau, une caresse onctueuse, douce et tiède...

Oh que c'est bon, cet appel en moi, cet appel organique, de n'être plus que chair, de limoger ma conscience, d'éloigner toute trace de pensée !

Je me tortille, je pousse mon arrière et mon avant progresse... Ça frissonne, ça happe, ça se meut autour de moi, plénitude de l'absolu utérin...

Je me sens renaître ! Je suis en train de revivre ma naissance ! Je suis dans l'utérus de ma mère ! Euh, à bien y réfléchir, c'est dégoûtant, vexant même. Quand je pense que je donne la moitié de mon salaire de journaliste à un psychanalyste pour conjurer mes névroses régressives, c'est humiliant…

Je pique de la tête. Je recommence. C'est plutôt marrant. Je gigote dans tous les sens, je me roule, me vautre dans une mousse brune et légère, dense et souple à la fois : une flaque de merde, une bouse légère.

Je penche ma tête du mieux que je peux. Finalement, je ne m'en sors pas si mal, jamais je n'aurais cru être si souple. Et pour cause…

Je suis un ver. Tout blanc, avec des petites rayures en relief. C'est assez seyant finalement. J'adopte avec plaisir ma nouvelle silhouette.

Mais un ver, ça ne reste pas ver très longtemps, si je me souviens bien. Un ver, ce n'est qu'une étape vers autre chose. C'est foutu pour le papillon, ça c'est acquis. Un ver qui voit le jour dans une matière immonde, un bouillon de culture en décomposition… J'ai mon idée, hélas, sur ce qui va advenir de moi, dans peu de temps maintenant.

Je sens que ça vient, ça bouge déjà.

Mû par un gonflement involontaire, des tiraillements élastiques, des rétrécissements douloureux, je me transforme pendant de longues et interminables heures en chrysalide.

J'attends, immobile maintenant, que la nature fasse son travail.

J'attends, car je suis le seul asticot à savoir que dans quelques heures il sera une mouche. Asticot… Dire que j'appelais mes enfants comme ça ! Pauvre imbécile, si j'avais su.

J'entre en salle d'opération, pour une intervention magistrale, la refonte totale de mon corps.

Quand je pense à toutes ces écervelées qui se font refaire le nez, les lèvres, qui se font lifter, botoxer, liposucer… Moi, c'est sous le bistouri de Dieu que je vais passer…

Vous ne pouvez pas imaginer la douleur engendrée par cette transformation étonnante de nymphe en objet volant. Mon corps s'étire en tous sens, je me sens écartelé. Le caniveau, c'est bien fini. Malgré cette nouvelle certitude d'exister, qui devrait m'apaiser, je panique, je m'affole. Mais si seulement je pouvais cesser de souffrir. Une douleur incroyable qui m'empêche de gamberger. Peu m'importe d'être mouche, mais par pitié, vite, vite, que cesse cette torture !

Je perds connaissance.

Mon coma de larve dure quelques heures sans doute, et je reprends doucement mes esprits. Les pattes chancelantes sur mon socle d'excréments, je reste là, planté, les ailes ouvertes, la tête ailleurs.

Une sorte de mouche pensive.

La torpeur, le cri profond, les sudations extrêmes, la nausée, les tremblements, le vide cérébral, l'absolu néant, l'horreur, tout se mélange. Je me mets à hurler. Mais personne ne rapplique, ni personnel hospitalier, ni épouse éplorée. Se pourrait-il qu'aucun son ne sorte de ma bouche, mon bec, comment dit-on ? Ou alors tout le monde s'en fout, c'est bien possible, remarquez, si ça se trouve, je ne suis ni à Georges-Pompidou, ni dans une bouse, ni... mais où alors ?

Ouwaaaa !

Quel champ de vision !... C'est mieux que la Géode ! 180 degrés, les images juxtaposées, le coup d'œil du kaléidoscope, vision non seulement panoramique mais mosaïque, une image électrique de l'environnement... Cosmique ! Et les couleurs, psychédéliques !

III

Au-delà de mon socle odorant, des herbes vertes scintillent. La campagne, sûrement. Oui, mais laquelle ? Si j'en sais maintenant un peu plus sur ma nouvelle identité, je ne saurais dire où je me trouve.

Toutes les campagnes se ressemblent. Pourtant les couleurs de celle-ci ne me rappellent rien. Les herbes sont hautes, très hautes, je ne mesure que quelques millimètres. C'est comme une photographie trafiquée dont les couleurs primaires tranchent violemment, un réalisme à la Walt Disney avec une profondeur mystérieuse. Tout me semble immense. Difficile de se repérer avec ces myriades d'images collées les unes aux autres.

Paf ! Une feuille géante au vert agressif vient de m'arriver en plein visage. Une drôle de violence. Je me sens tout petit. Oh, pas plus qu'un homme face à une avalanche, j'imagine.

Le vent souffle sur mes antennes, les rabattant en mèches rebelles sur mes yeux. Je reste sur place, m'initiant petit à petit au fonctionnement de mon nouveau corps. Je lève une patte et puis l'autre, je bats des ailes, juste pour voir si la machine fonctionne…

Ah, magie de l'instinct ! Je sais déjà manœuvrer mes ailes !

Je ne vois plus mon corps, mais je l'imagine très bien… Un journaliste volant qui, après avoir remué la merde, remue dans la merde ! Si ça se trouve, je ne vais pas tarder à rencontrer un collègue de bureau dans un tas de fumier. Cette idée me fait sourire, et sourire sans zygomatiques, c'est une gageure, je vous mets au défi d'en faire autant !

Les bruits multiples de la campagne se fondent dans l'air. Un fumet vaporeux s'échappe de mon nid. Le premier jour de ma nouvelle vie commence. Émotion.

Impossible de me résoudre à mon premier envol. Je suis perdu.

D'abord, se localiser. Où suis-je ? À la campagne, c'est sûr. En France ? Pays tempéré, nature familière, ça m'a tout l'air d'un décor bien de chez nous, le fameux plancher des vaches. Je pourrais tout aussi bien être à la porte de Versailles au Salon de l'agriculture !

Il faudrait s'envoler pour évaluer la situation. Seulement voilà, l'altitude, ça n'a jamais été mon fort. Petit, déjà, j'étais le seul de la classe à ne pas grimper à la corde. Les autres me traitaient de poltron. Pourtant je ne suis pas moins courageux qu'un autre. J'ai la phobie du vide, c'est tout. D'ailleurs j'habite au rez-de-chaussée. La seule vue d'un avion, d'un hélicoptère, de tout autre engin volant, me fait frémir. Et le plus étrange, c'est que dès que je m'élève à plus de deux mètres du sol, outre l'appel du vide, je ressens une douleur étrange aux testicules – je ne devrais pas tarder à savoir si les mouches ont des couilles !

Au-dessus de mon tapis marronnasse, un parasol rouge me fait un peu d'ombre. C'est charmant, cette couleur, tous les hôpitaux devraient bannir le blanc. C'est un coquelicot démesuré, surréaliste, qui me surplombe. Du grand art. Salvador Dali a-t-il aussi été mouche ?

Jc n'arrivc toujours pas à lcvcr lc camp, jc suis encore très fragile psychologiquement, vous comprenez ?

Mon frêle coquelicot masque le ciel d'un large drapeau carmin. Je n'avais jamais vu de campagne aussi bucolique. Ou n'y avais-je jamais vraiment prêté attention ?

Soudain, un de mes congénères se pose abruptement face à moi et j'ai cette vision d'horreur : *moi*, énorme et monstrueux, velu, avec plein de pattes partout et des couleurs, des couleurs euh… pas très ragoûtantes à vrai dire.

En un clin d'œil, la mouche me survole et se pose derrière moi. Je ne bouge pas d'une oreille (ai-je seulement des oreilles ?).

Très vite, l'animal me grimpe dessus à grand bruit d'ailes et tente de me couvrir. Allons bon ! Mon copain surexcité veut me sodomiser, enculer une mouche, si vous voulez.

D'un coup d'abdomen, je repousse l'intrus qui n'insiste pas et s'envole aussi vite qu'il est venu. Impossible de tourner la tête pour le voir partir, je suis bloqué par une minerve invisible. Un torticolis ? Très désagréable en tout cas, j'espère que c'est passager.

Je me sens abusé, fébrile.

Le ciel se charge de nuages noirs, un rideau de pluie me tombe brusquement sur la tête. Les poils visqueux et humides de mes pattes se raidissent, je frissonne d'angoisse.

Pour la première fois de ma vie peut-être, je me sens seul ; une solitude immense, celle d'un enfant abandonné, livré à lui-même. J'ai envie de retrouver ne serait-ce qu'un instant la chaleur maternelle, les bras aimants remisés aux oubliettes depuis bien longtemps. L'envie de laisser couler les larmes, de les laisser s'échapper de mes globes oculaires monstrueux. Mais une voix me susurre que tout cela n'a plus d'importance, même la sensation de l'air qu'on inspire, du sable qui glisse entre les doigts, de l'éternuement et de l'onde qui fait vibrer le tympan – « À tes souhaits ! »

Et puis les mouches ne pleurent pas.

Un brouhaha intérieur se fait de plus en plus assourdissant, une lutte primaire, une névrose abominable entre moi et moi. Je ne sais combien de temps je reste ainsi, paralysé de trouille et tremblant à l'appel de mes instincts.

Il faut que je m'envole. Le plus tôt sera le mieux : au-dessus de mon nid, un essaim de congénères forme un petit nuage noir. Ces insectes lubriques semblent m'envisager avec gourmandise ; la paranoïa me guette, quoi de plus légitime, compte tenu de la première expérience que je viens d'avoir ? Je pense à Maryse, à la tête de Maryse la fois où je lui ai proposé un plan à plusieurs. Et dire que je me suis moqué d'elle, que je l'ai traitée de mijaurée, de coincée.

Il est temps de faire mon mea culpa, je dois lui ressembler comme un frère de désespoir à l'heure qu'il est.

Il faut que je décolle pour leur échapper. J'avance une patte, puis deux, puis trois, quatre, cinq, tout en battant des ailes. Enfin, je me vois décoller, comme extérieur à moi-même. Mes ailes battent, hésitantes d'abord, puis rapides et agiles. Je quitte définitivement ce ventre déjà froid, cette matrice immonde dans laquelle je pataugeais. Ma vie de mouche commence.

IV

Je prends vite de l'altitude, fendant la bise, pattes pendantes, à toute vitesse, j'entre dans le monde des volants.

Satanas et Diabolo, les Chevaliers du ciel, Maverick dans *Top Gun*, Louis Blériot, Icare, tous les héros en une seule mouche, maîtresse du monde. Une puissance phénoménale me propulse à une rapidité que je n'avais jamais expérimentée jusqu'alors. Sans peur, juste le tourbillon enivrant de l'allure infernale, droit devant, sus à la vie !

Mes ailes battent à pleine vitesse et me transportent comme une balle fendant l'air, une machine aérienne infiniment sophistiquée. Pas plus grosse qu'une bille de récré et capable de planer comme tous les hommes rêvent de le faire. Et pas besoin de faire des années d'études !

Les antennes écrasées par le vent, les yeux bien devant, je vole au-dessus de mille terres. Je jette un œil en bas de temps à autre. Les feuilles des arbres, immenses, forment un joli parterre. Je maîtrise parfaitement ma trajectoire, une simple inclinaison et je vire, dessinant des arabesques dans l'atmosphère légèrement humide. Mon bourdonnement constant me rassure. J'accélère, laissant sur place un papillon maladroit, bien joli, ma foi. Je fonce droit sur les toits d'un village. Boule de muscles, haltérophile des airs, mon régime moteur tourne à plein.

Entre nuages et boue, l'horizon comme ligne de flottaison, je tire une droite parfaite, perds un peu d'altitude et descends au milieu d'une allée de platanes bien alignés. Quelle étrange disposition ! Ça ne sentirait pas un peu la main humaine ? Je préférais l'anarchie de mes hauteurs. Quel intérêt de planter les arbres ainsi les uns devant les autres ? Ah ça y est, je viens d'apercevoir une route goudronnée. Le ruban gris foncé, telle une rivière entre les arbres, est là pour l'homme et ses machines ; sur la voie, une bande blanche discontinue défile et clignote.

Je descends encore et m'approche du sol en rase-mottes, grisé par la vitesse. Euphorique, je slalome entre les marquages routiers. Soudain, une voiture arrive sur moi à vive allure. Un énorme 4 x 4. J'ai juste le temps d'apercevoir une grille métallique gigantesque et d'entendre un bruit épouvantable, comme si une bombe s'abattait là, à quelques mètres, dévastant toute une région, avec ses habitants et ses maisons. Impensable.

La collision va être fatale. Je tire de toutes mes forces sur mes pauvres ailes, frôle le pare-brise ; l'appel d'air m'emporte. Triple looping, perte de contrôle de ma trajectoire et me voilà sur le bitume râpeux. Je reste sur le flanc, groggy mais vivant. Le chauffard s'éloigne sans demander son reste, traînant derrière lui un panache de fumée. A-t-il la moindre idée de ce qu'il vient de faire ? Sûrement un type qui se croit au-dessus de tout soupçon, blanc comme neige, irréprochable.

Je pense à mon propre 4 x 4 de marque allemande. À Maryse à côté de moi, les enfants à l'arrière. Pas peu fiers, on file vers le Midi pour les vacances d'été. La plage n'est plus très loin. À peine arrivés, je fais le tour de mon auto. C'est chaque fois la même chose : ma calandre, mon pare-chocs chromé sont constellés de cadavres d'insectes. Il y en a de toutes tailles. Surtout des mouches, dont les viscères éclatés recouvrent aussi mon pare-brise. Quelles saloperies, ces bestioles ! Encore étourdi, je réalise ce que je suis en train de penser : « Quelles saloperies ! » Comment puis-je me dénigrer ainsi, avec l'estime que j'ai de moi-même ? Mais au juste, qui a cette estime de soi, lequel de nous deux, de moi ou de moi ? Lequel part en guerre contre l'autre, sûr de la supériorité de sa race et de ses engins, de son 4 x 4 ou de ses ailes ?

Maryse n'est plus à mes côtés pour m'aiguiller. Mais quand elle le faisait, je le prenais mal. Pour reprendre l'exemple du 4 x 4, elle me disait que c'était ridicule d'y attacher une telle importance, et que je n'avais pas besoin d'un tank pareil. Ça me mettait en rogne, vous n'imaginez pas ! Je faisais preuve d'une mauvaise foi évidente, je m'en rends compte à présent. Je me vantais d'aimer la vitesse, la puissance, et je ne démordais pas de l'utilité de cette voiture. Et pour quoi faire effectivement ? Un safari dans la brousse ? Eh bien non, un carnage de mouches sur l'autoroute du sud !

Comment les hommes peuvent-ils parler à tout bout de champ de leur conscience alors qu'ils n'ont pas la moindre conscience de ce qui les entoure ? Ce mystère m'échappe.

Remis d'aplomb, je tourne sur moi-même et, pareil à l'aiguille d'une boussole, me repositionne dans la bonne direction. Deux, trois petits coups de pattes humides pour nettoyer mes antennes et mes yeux.

Je repars à toute berzingue et module en permanence la fréquence, l'orientation, l'amplitude de mes battements, en prenant garde d'éviter ces monstres mécaniques qui surgissent par à-coups. Finalement, je m'écarte légèrement du bitume, c'est trop dangereux. J'entends un « clac clac » régulier que je ne parviens pas à identifier. Ce n'est pas une voiture en tout cas : le son est bien trop léger et pas assez désagréable. Grâce à mes super-capteurs comme n'en possède aucun avion, fût-il un Boeing, je me dirige vers la source de cette douce musique. Je décide de faire une petite halte dans les buissons pour y voir plus clair. Une fois au ras du sol, j'explore les environs. Le son se fait de plus en plus fort. Je découvre une sauterelle bien cachée dans les replis d'une branche d'arbre tombée là. Elle est un peu plus grande que moi et arbore de jolies lignes marron sur chaque côté de son corps ambré. Je la salue d'un « bzzz » évocateur, elle se tourne vers moi, mais fait celle qui n'a rien vu, rien entendu. L'importante, quoi ! Eh bien, s'il n'y a pas d'atomes crochus, je ne vais pas insister. J'écarte plus largement mes ailes et remonte en ligne droite au-dessus de Mademoiselle la pimbêche.

Attiré par les maisons, je choisis toutefois de ne plus m'arrêter. Cap sur le village ! Je tente d'atterrir sur un toit de tuiles mais j'évalue mal la distance et m'écrase lamentablement. C'est sans doute le manque d'habitude. Encore quelque temps et je serai au mieux de ma forme, je n'aurai plus ce genre de problèmes qui n'arrivent qu'aux mouches novices.

Une fois de plus chancelant, je recule un peu, essaie d'ajuster mon regard. J'ai un mal fou à lire le nom du village à cause de ma vue kaléidoscopique, je dois replacer dans le bon sens toutes ces lettres, voyelles virevoltantes et consonnes entrechoquées.

En vol stationnaire devant le panneau d'entrée de la bourgade, je déchiffre attentivement mon hiéroglyphe : « Montchauvet ».

V

Plus de doute, je suis en France. C'est déjà ça de gagné.

Épuisé, je me pose sur la borne du village, le soleil me chauffe le dos, un vent léger relève mes ailes fragiles.

À quelques mètres de mon poste d'observation, je perçois soudain la présence d'un tas de fumier. Cette découverte me tire de ma rêverie mélancolique. L'odeur du purin me trouble. Je me mets à trembloter de plaisir et pars en flèche, aspiré par ces effluves excitants que les hommes nomment puanteur. J'entre dans la cour d'une ferme. C'est là que ça se passe, mes capteurs sont formels et je leur fais une confiance aveugle. Qui d'entre vous fait une confiance aveugle à ses capteurs ? Alors, vous pouvez vous targuer de votre intelligence après ça. Trop grands et trop gras pour sentir les choses, vos corps encombrés de pensées et d'images parasites.

À peine franchi le seuil de l'enceinte de pierre, une impression de déjà-vu s'empare de moi. Je tourne, et me pose sur un des murs. Grâce à mes ventouses, je tiens parfaitement sur ce plan vertical. C'est chouette !

Je marche et observe les corps de bâtiments. Architecture à colombages… Je suis en Normandie !

Le bruit de la ferme m'enveloppe et me cajole, un drôle de souvenir d'enfance qui me plaît bien, à moi la mouche.

Je savoure cette cacophonie campagnarde des chants d'oiseaux, des jappements du chien attaché au bout d'une chaîne qui couine, des caquètements de poules, des beuglements de veaux, je suis dans mon élément et je jouis de ces moments. J'ai l'impression que tout ce petit monde m'accueille, heureux que je sois enfin arrivé. Un bain de nature, l'harmonie parfaite des mondes végétal et animal, tout n'est qu'instants, instinct… Pour quelqu'un qui ne jure que par Paris, et encore Paris VIe, je vous assure, il y a de quoi ne plus se reconnaître !

Je vais patauger quelques instants dans le purin qui m'a mené vers ce paradis. Je m'y plonge et m'y retourne, tout aux sensations de bien-être que j'éprouve. Réalisant soudain ce que je suis en train de faire, je relève la tête pour vérifier que personne ne m'a vu. Mais ici, nul ne me montrera du doigt. Tout le monde s'en fiche, et je peux bien tremper des heures durant dans la merde si cela me chante.

Bon, maintenant j'ai faim !

Je fonce dans la bâtisse principale par une fenêtre ouverte et m'effondre, assommé net. Par terre, K.-O., les yeux en mille morceaux ! Ah oui, d'accord, elle était fermée, euh… ridicule.

Petit mais costaud, je reprends mon envol et passe cette fois-ci par la porte entrouverte (pas con).

Intérieur quelconque de ferme normande semblable à mille autres. J'ai mes repères et sais d'emblée où me diriger pour obtenir ce que je suis venu chercher. Sur la toile cirée de la table qui trône au milieu de la pièce, un repas desservi m'attend. Quelques miettes de pain, un microscopique morceau de jambon et une goutte de vin. Je vais me taper la cloche. J'enjambe la miette, crache un liquide acide et absorbe la mixture molle. Agile, je déguste tous ces restes invisibles et, pour finir en beauté, cours vers le rouge, un picrate local, et l'aspire cul sec. Ah, ça c'est pas un grand cru millésimé ! Qu'est-ce qu'ils diraient, mes copains du Flore, s'ils me voyaient là, en train de déguster avec délice ce breuvage qu'ils jugeraient (que je jugerais) infâme, avec l'accent circonflexe bien appuyé ? Eh bien, ce qu'ils diraient, je n'en sais fichtrement rien et n'en veux rien savoir, parce que je me régale, et sans doute bien mieux qu'eux à leur terrasse verte et blanche devant les pots d'échappement.

Au-dessus de moi pend un serpentin gluant. Une dizaine de mes congénères y sont piégés, pattes, tête et ailes scotchées à jamais. Le bruit de leur agonie résonne de façon morbide. Il vaut mieux que je m'y fasse tout de suite parce qu'entre les aérosols ultra-puissants, les poudres d'utilisation facile et les granulés composés de phéromones, un attractif sexuel spécial mouches, on n'arrête plus le progrès ! Je n'ai pas fini d'en voir, des insectes en train de clamser.

Mais bon, on ne va pas se laisser abattre, il reste encore un peu de pinard : je plonge à nouveau ma trompe dans la vinasse et aspire. Un peu rond mais ravi, je m'offre une belle cuite de mouche. Une antenne qui tombe, l'autre bien droite, j'avance comme je peux sur la nappe en plastique. Ma démarche chaloupée ne trompe personne : j'en tiens une bonne.

Repu et flagada, après une montée en chandelle et une cabriole, j'atterris au plafond en évitant soigneusement le ruban de la mort. En bas, la fermière et son mari déambulent dans la cuisine. Leurs voix rocailleuses montent vers moi.

Je passe l'après-midi du plafond aux murs, des murs au vaisselier, du vaisselier au lustre (d'un kitsch douteux mais assez à mon goût avec ses petites éclaboussures de friture).

La nuit commence tout doucement à tomber.

Je n'envisage pas de quitter ce garde-manger géant et reste tapi au plafond, dans un coin sombre.

Je m'assoupis finalement.

L'obscurité recouvre la ferme, les bruits se font cotonneux.

Subitement, une lumière métallique envahit la pièce. Aveuglé par les faisceaux électriques, je me raidis, prêt à fuir. Quelqu'un a allumé la télé ! Je regarde l'écran, reconnais le jingle des infos. Tout à coup, mon visage apparaît, mon visage d'humain, de journaliste, d'homme célèbre. Je sens une petite pointe de fierté dans mon abdomen. Que vont-ils dire ? J'imagine déjà : « Grand homme parmi les grands, journaliste courageux et talentueux… »

Une force irrépressible m'attire vers l'écran. D'un coup d'aile expert, je délaisse mon plafond pour aller m'y coller. Rencontre inopinée entre moi et moi. Émoi.

Trop concentré sur ma personne, plutôt sur *mes* personnes, je n'ai pas fait attention à cette masse informe qui, s'étant discrètement levée du canapé, s'est approchée de moi en tenant un curieux ustensile à la main. J'ai à peine le temps d'esquisser un mouvement qu'une sorte de grille en plastique, aussi grande qu'un terrain de tennis, s'abat sur l'écran.

C'est la fermière qui, visiblement importunée par ma présence, a décidé de me faire la peau. Dans le dialecte humain, l'instrument qu'elle brandit s'appelle une tapette à mouches. Cet article assassin est disponible dans toutes les bonnes quincailleries, pour la modique somme d'un euro cinquante. Cette saloperie, moi aussi j'en fais grand usage. Surtout l'été, à Saint-Raphaël… Il faudrait quand même que je songe à revoir mes positions. Vous pensez que les mouches, ça ne sert qu'à vous enquiquiner et vous tourner autour, n'est-ce pas ? Et les feuilles mortes, et les cadavres d'animaux, qui s'en occupe à votre avis ? Hé oui, les mouches. Sans nous, vous seriez envahis d'odeurs de putréfaction. En ville comme à la campagne, vous porteriez des pince-nez pour protéger vos naseaux délicats. Mais l'odeur s'infiltrerait quand même et, peu à peu, vous suffoqueriez dans des souffrances atroces. Ou bien mettriez-vous la main à la pâte pour nous remplacer ? J'imagine les humains à quatre pattes, en train de piétiner les excréments et les déchets.

Bon, j'ai réussi à me tirer de cette nouvelle mésaventure. In extremis. Va falloir que je redouble d'attention.

Je retourne dare-dare dans mon coin de plafond où, la tête à l'envers, je suis de loin le journal.

Le langage des hommes télévisés s'est transformé en un véritable charabia, et je peine à me concentrer sur les sons qui parviennent jusqu'à moi. Je crois qu'on évoque ma mort, il est question de mon hospitalisation, ou de ma disparition, je ne saisis pas très bien.

Puis plus rien. On passe à autre chose. Juste un flash pour une vie de travail !

Mon ego est en miettes.

Tout bascule, l'idée que je me fais de moi, l'intérêt de ma participation à l'humaine comédie.

L'assurance que j'avais d'être quelqu'un, mes grands airs, mes costumes taillés sur mesure, mon 4 x 4 de marque allemande, mes réflexions et mes analyses pointues sur le monde des dominants, tout ça pour ça ! Ah, on peut dire que j'y ai participé, au grand échiquier du monde, mais en tant que pion, vulgaire pion, mené par d'autres, bien plus puissants, mené par mes envies et par la flatterie. Oh, j'ai été un pion parce que je l'ai bien voulu. Je n'ai à m'en prendre qu'à moi-même, après tout. Si on m'a pourvu d'un cerveau, et humain qui plus est, c'était pour que je m'en serve, non ? J'ai fait l'imbécile et je m'en mords les pattes. Mais maintenant, c'est terminé !

Ah ah, mon pauvre Serge, tu ne crois pas si bien dire : c'est terminé. Vanité, orgueil moulant dans un pantalon une paire de bourses pleines de ma race d'indomptés, de celles qui ne craignent pas la mort. Fini.

Mais qu'en savez-vous si je suis mort ?

S'ils se doutaient, les deux zigotos d'en bas, que le type dont on parle à la télévision est au-dessus de leurs têtes ! Ils n'en sauront rien, personne n'en saura rien, jamais.

Je suis dépité, abattu.

Je me tourne vers le mur, colle mes yeux contre le plâtre humide, plie un peu mes pattes, pose mon abdomen et m'endors. Une vraie déprime.

VI

J'entends Maryse pleurer. Suis-je en train de la rêver en pleurs ? Est-ce que je l'entends pour de bon ? Est-ce que je suis mort ? Vivant ? Est-ce que je crée Maryse en pleurs ?

Maryse, que j'ai délaissée trop souvent, a-t-elle pleuré souvent ainsi ? N'aurais-je pas dû m'en apercevoir ? Son chagrin s'étouffe dans la nuit, laissant place au tic-tac lancinant de l'horloge.

VII

Le chant du coq sonne aussi l'heure des mouches !

J'ouvre un œil étoilé.

Ma vie sera courte, je le sais ; deux mois tout au plus. Tout va trop vite dans cette existence. Le temps est compté et rien n'est paisible. Mais quel qu'on soit, homme ou mouche, ne trouve-t-on pas toujours le temps trop court ? Il faut savoir profiter, là est le secret. Alors, collé à mon plafond, je vole des secondes à ce temps éclair, je le regarde un peu passer.

Je me retourne et me laisse tomber en chute libre vers la table de la cuisine. Ça sent bon le café, là-dedans ! Je m'approche de la machine et… aïe ! Saleté, ça m'a brûlé les ailes ! Ah, je déguste ! Est-ce que toutes les mouches ressentent ainsi la douleur ? Ou serait-ce ma conscience humaine qui la perçoit si violemment ? Ça m'étonnerait quand même que les insectes soient si délicats, ça se saurait ! Je me rabats sur une goutte de lait qui traîne et sors dans la cour de la ferme, nerveux, excité, impatient.

Immédiatement, mes mouvements s'enchaînent sans liaison, violents, rapides.

J'entre dans l'étable où une paisible vache normande rumine et se claque le flanc de la queue. Nous sommes une bonne cinquantaine à virevolter autour d'elle. J'essaie de communiquer avec mes nouveaux amis, d'engager un dialogue. Les échanges sont sans emphase. Je taquine le naseau rose de la vache, son énorme langue baveuse s'abat vers moi, me frôle. Ouf ! Évitée de justesse ! Et les hommes trouvent ces animaux indolents. Des monstres de nervosité, rien dans la tête, tout dans la queue !

L'ambiance est folle dans l'étable. On se croirait chez Castel. Euh… en mieux. Plus drôle, moins collé monté.

Ça vibre dans l'air, des vibrations de joie. Enfin, j'ai l'impression qu'on me parle et que je réponds. Ça s'inscrit dans mes mouvements, mes antennes en frissonnent. C'est beaucoup plus brut que des mots. Des battements sourds qui rebondissent dans nos corps à l'unisson, des dialogues courts, immédiats et simples. Et, tout compte fait, bien suffisants pour se comprendre.

En ce qui concerne l'essentiel, en tout cas : bouffer, baiser, vivre quoi ! Pas besoin d'un esprit débordant pour cela. On se pose et se repose – tournoiements de bal.

Dans la foule ailée et bourdonnante, je repère une jolie petite mouche et me surprends à taper des pattes et à saliver de la trompe. Mais c'est qu'elle me plairait…

Je m'approche d'elle et la couvre, la monte bien vite et, écartant ses ailes pour m'agripper, pose mes deux pattes avant sur sa tête et lui enserre le thorax avec mes quatre autres pattes. Je recourbe mon abdomen, la pénètre brusquement et me dépucelle…

Comme c'est simple. Quel pied ! Si j'avais imaginé un jour prendre autant de plaisir à califourchon sur une mouche…

Le coït est électrique, la jouissance immédiate, pas de préliminaires, on copule et on repart. Dans la foulée, deuxième aventure avec une autre.

Je ne débande plus !

Pas besoin de blabla, tu me plais, je te plais.

Le sexe m'apparaît soudain comme l'origine et le but de toute vie, une foi nouvelle, brute et évidente s'empare de moi : baiser, renifler, jouir, se répandre encore et encore, voilà le vrai credo. Tout le reste n'est que foutaise ! Ah ! mes amis humains qui ne savez encore rien de ces délices élémentaires, comme je voudrais vous transmettre cette ivresse nouvelle, ce goût du rien et du tout mêlés, cet enivrement grossier qui congédie sur-le-champ toute intelligence parasite, ce balancement des entrailles qui rend toute question superflue et inconvenante.

On s'envoie en l'air, à coups de battements d'ailes, de tourniquets, d'effleurements d'antennes. Je fourre ma trompe dans les organes génitaux de mes partenaires…

Toutes antennes dehors, je n'attends pas la fin de l'après-midi pour me faire la plus moche.

Contrairement à ce que vous pensez, il existe nombre de différences entre les mouches, alors arrêtez de dire « toutes les mêmes ». Moi aussi, jusque-là, j'étais incapable d'en trouver une plus séduisante que les autres, de remarquer un abdomen au galbe diabolique, des yeux au charme envoûtant. Incapable aussi de discerner la disgrâce et la vulgarité de certaines.

Mes petites mouches adorées, que n'ai-je su plus tôt reconnaître ma vraie nature dans vos danses effrénées, vos bourdonnements graciles et vos parades amoureuses qui ne connaissent ni temps mort ni ennui ? Je vous aime toutes et, toutes, vous m'aimez en retour, me le dites à l'unisson, j'entends vos appels, me fonds en vous, y plonge à nouveau.

Après quelques heures de ce régime, épuisé, je rends les armes et tombe la tête la première au pied de ma vache, dans la paille mouillée d'urine. Je viens de faire mes adieux à la civilisation des hommes. Mon identité : mouche domestique. Mon clan : celui de mes semblables, insectes volants aux mœurs débridées et aux joies salaces.

Une sœur aux yeux rouges, aux ailes translucides, aux pattes longues et fines se pose à côté de moi. Ses antennes se mettent à vibrer anormalement. Elle s'envole, je la suis.

Premières infidélités en quinze ans. Maryse, je te trompe. Hé oui, je sais ce que tu penses, je ne suis qu'un fieffé menteur qui s'en est donné à cœur joie depuis le début. Et pourtant, vois-tu, je ne t'ai jamais trompée avant aujourd'hui. Tous les maris – je n'ai qu'à regarder parmi nos proches – ne peuvent pas en dire autant et se targuer de leur fidélité. Alors tes scènes, hein !

Je colle au train de cette petite, toute petite, qui me fait tourner la tête.

VIII

Ma nouvelle petite amie n'a pas seulement des yeux à faire pâlir de jalousie Michèle Morgan, elle a aussi un ravissant petit nez très allongé. On dirait une trompette. Trompette ! Ce sera son petit nom.

Pendant dix jours dans le même sillage, nous partageons les mêmes rogatons de nourriture, les mêmes clairs de lune.

Cette délicieuse petite cousine m'apprend les lois essentielles de la survie, comment éviter les toiles d'araignées, les hirondelles et autres prédateurs. C'est fou, les guerres qui peuvent exister dans ce monde des insectes. Je pensais que c'était l'apanage des hommes, mais c'est peut-être une tradition universelle. Ça ne me change pas beaucoup, vous me direz, sauf qu'évidemment je n'ai pas de place privilégiée ici, je ne suis plus dans le VIe et personne ne sait que je suis un journaliste formidable. Je deviens une denrée comestible comme une autre et les appuis n'existent pas. Comme l'esprit se sent démuni quand le retour à l'état sauvage se fait brutalement. On n'a plus que l'instinct, et l'instinct, nous autre hommes, on ne sait plus comment ça marche.

Avec Trompette, je fais également la connaissance de mes congénères. C'est que nous sommes nombreux, chacun dans notre genre, plus ou moins grands, avec nos habitudes alimentaires propres, nos terrains de prédilection. Mouche bleue, mouche à viande, mouche dorée ou mouche verte, mouche à vinaigre… Sous des cieux plus chauds, j'aurais peut-être pu rencontrer la fameuse tsé-tsé ou la terrifiante lucilie bouchère, une mouche mangeuse d'hommes. Je dis « terrifiante » et pourtant je n'ai rien à craindre. Je devrais peut-être même la considérer comme une sauveuse, cette lucilie.

De découvertes en abris, ma coéquipière parfait mon éducation en matière d'orientation spatiale, de règles de vol, et m'initie même à l'accouplement aérien, acrobatique et jouissif. Je conseillerais bien aux hommes d'essayer parce que, vraiment, ça vaut la peine, mais bien sûr si c'est pour se retrouver avec une jambe dans le plâtre… À défaut, vous pourriez peut-être essayer en mer. Je ne sais pas, je n'ai jamais été poisson.

Durant tout ce temps, je ne pense pas un instant à la société des hommes. Je parcours les feuilles des tilleuls, des noisetiers, pompe des pommes pourries, laisse mon corps dégringoler et planer dans les airs. J'accompagne ma douce amie qui pond nos centaines de petits sur de la barbaque en putréfaction.

Je jouis de ce bonheur absolu d'être.

Être, quel que soit l'être !

Mourir n'est rien, l'horreur c'est de ne plus vivre. L'intensité de ma nouvelle vie me submerge. Je pensais que vivre c'était devenir immortel et que l'immortalité passait par la célébrité. Mais la célébrité, si elle m'a donné le confort et la respectabilité, n'était qu'échange de bons procédés. Mouche, je comprends que la vie est beaucoup moins que l'immortalité et beaucoup plus qu'un échange de bons procédés.

Mais qui l'imagine ?

Je suis à nouveau pris d'angoisse ; le vide de celui qui en sait trop.

Ma petite compagne s'approche de moi et pose ses antennes sur les miennes. Elle m'apaise aussitôt. Je m'endors à ses côtés. Au pied de notre couche, notre progéniture commence à gigoter. Deux cent cinquante larves, de fringants petits vers qui deviendront à leur tour mouches d'ici quelques jours.

Mon rôle de père ne sera que provisoire et très peu contraignant. Ici, pas de couches à changer, pas d'école à trouver, encore moins d'argent de poche à donner. Ces gamins-là ne me causeront aucun souci. D'ailleurs, ils ne tarderont pas à voler de leurs propres ailes.

J'entends Maryse qui s'insurge : « Toi, tes enfants t'ont causé du souci, non mais je rêve ! » Mais non, Maryse, ne t'en fais pas, c'est moi qui rêve, qui me rêve en père attentif et aimant.

Alors que Trompette et moi goûtons un repos mérité, un bourdonnement inquiétant se fait soudain entendre.

J'ouvre doucement les globes. Horreur ! C'est la grosse mouche lubrique qui avait tenté de me violer. Je la reconnais, elle me poursuit. Elle nous fonce dessus. Trompette s'éveille à son tour. Pris de panique, nous décampons aussi sec. L'autre nous manque de peu. Il finit sa course au milieu des petits. Le carnage est terrible. Une centaine au moins a été écrasée par cet assassin. L'homme qui agirait ainsi serait traîné au tribunal ! Tandis que cette grosse mouche reste impunie. L'inconscience est-elle un alibi ? Je m'aperçois que je raisonne encore en homme. Et, je dois l'avouer, il est certains de mes attributs spécifiquement humains auxquels je ne peux pas renoncer.

Nous reprenons notre route, laissant derrière nous nos enfants rescapés. Ils se débrouilleront très bien seuls.

Au bout de quelques jours, alors que nous filons le parfait amour, Trompette semble déceler en moi une différence, quelque chose qui me distingue de ses fréquentations habituelles. Le fameux instinct animal. Cette situation m'embarrasse. Comment pourrais-je lui avouer que je ne suis pas la mouche qu'elle croit ?

À la sortie du village, elle se pose sur le panneau indiquant Montchauvet.

Je la regarde avancer, tourner, s'arrêter, trembler de tout son corps, comme pour me signifier : qui que tu sois, il faut que tu rentres chez toi. Puis elle s'envole à nouveau, m'enjoint de la suivre. Un peu plus loin, elle m'indique un chemin. Je mets tous mes capteurs en éveil pour deviner où elle veut m'envoyer ainsi. Si j'ai bien compris, il s'agit d'un chemin qui mène à la rivière.

Mais à quelle rivière ?

Notre histoire touche à sa fin. Je la tapote de la trompe une dernière fois et reprends mon envol. Elle reste là et me suit du regard un moment. Je m'éloigne à toute vitesse. Elle n'est plus qu'un petit point noir sur un panneau indicateur dont les lettres sont maintenant illisibles. Comme je la regarde tout en volant, je fonce dans une branche de chêne. Je me sens un peu bête, mais ça ne fait pas mal du tout, une légère blessure cuticulaire, rien de bien méchant. Vous ne savez pas ce que veut dire « cuticulaire » ! Vous voyez qu'il y a des choses que les mouches, avec leur tout petit cerveau, savent mieux que vous. Mais qui a dit que l'intelligence était fonction de la taille du cerveau, au fait ? Je ne vois presque plus Trompette mais je suis sûr que ça la fait bien rigoler, ma gamelle. Voilà, c'est fini. C'est certainement l'histoire d'amour la plus insolite qu'il m'ait été donné de vivre. La plus simple aussi. Je me prends à espérer une simplicité toute semblable avec les miens, avec Maryse, un apaisement désiré et mûrement réfléchi, qui ne soit ni indifférence ni renoncement mais une preuve d'amour que je leur donnerais.

Je prends de l'altitude, m'oriente est sud-est et fonce vers cette eau inconnue.

Cap 120 degrés, vitesse constante, voilure parfaite, rythme de battement régulier.

Je revois mon visage à la télévision, j'ai envie de jurer, cracher, vomir des horreurs. Je ne veux plus de cette conscience, je suis une mouche domestique, insecte diptère, voilà tout.

J'avance, le vent dans les yeux, les pattes tirées vers l'arrière, j'améliore mon aérodynamisme, petit caillou trapu jeté dans le ciel. La chaleur de l'air me porte un peu. Je découvre les courants ascendants, dompte les bourrasques légères, les trous d'air infimes qui me font chuter de quelques centimètres. L'air devient un élément majeur de ma vie. Envelopper, caresser, repousser, aspirer, c'est plus fort qu'inhaler. J'aime cette attention nouvelle aux éléments, je vis dans l'air, je me fonds en lui et ma conscience en devient plus profonde. Il me semble qu'en mouche pensante, j'acquiers les avantages des deux espèces et suis capable comme aucun être vivant de ressentir la plénitude du monde.

Je file vers le cours d'eau, vire au kilomètre 3, cap 160 degrés. Tout mon parcours est parfaitement enregistré. Les indications de Trompette sont très précises. Plan de vol que j'actualise sans cesse dans mon cockpit céphalique de moins d'un millimètre cube.

Plus je m'éloigne, plus le souvenir de Trompette s'estompe. Elle ne me manque pas, curieusement. Elle m'a apporté beaucoup et je lui en suis reconnaissant, mais ce ne sont pas nos galipettes en l'air qui vont effacer les souvenirs de mon amour pour Maryse. Trompette fait partie de ces êtres qu'on aime lorsqu'ils sont là mais pour lesquels on n'éprouve ni nostalgie ni remords. Maryse est de la caste opposée, radicalement : c'est depuis que je l'ai perdue que je comprends vraiment sa valeur. Ce qui m'inquiète, c'est que les traits de son visage deviennent de plus en plus flous dans ma mémoire. J'ai peur. Peur de devenir mouche pour de bon, de ne plus avoir de souvenirs, de ne jamais me retrouver. Suis-je en train de perdre ce que j'étais ?

Pourquoi Trompette m'a-t-elle envoyé vers la rivière ? Un rendez-vous galant ? Ou est-ce un site d'ordures ménagères ? Une usine de déchets ? Allez savoir… Attiré, buté et obstiné, j'avance sans plus chercher à comprendre.

Je devrais voir l'eau d'ici quelques minutes. Je fatigue, perds imperceptiblement de l'altitude. Je frôle la cime des arbres et, les yeux écarquillés, scrute les airs pour éviter quelques oiseaux avides de chair fraîche. C'est dommage, j'aurais bien aimé les côtoyer d'un peu plus près, tous ces grands rapaces au long bec. Les oiseaux, ça m'a toujours paru magique. Pas comme les mouches. Petit, je m'imaginais qu'un aigle venait me chercher et m'emmenait loin, vers le soleil. Il prenait son temps, il me faisait regarder la Terre d'en haut, comme je la vois à présent. Il me racontait aussi comment sont les hommes, comment il les percevait. Moi, je me faisais un peu l'avocat du diable, je pensais à mes parents, à la tête qu'ils feraient s'ils savaient ce qu'on disait d'eux. Mais, au fond, j'avais changé de camp, puisque j'allais être le premier homme à marcher sur l'astre flamboyant.

La rivière est là, enfin. À une centaine de mètres. Immense ! C'est un fleuve… la Seine ! Vus d'en haut, les méandres serrés en boucles de lacet me donnent le vertige. L'eau boueuse coule, lente comme de la lave, et charrie des ordures qui me font saliver. Je la trouve toujours aussi belle : image d'amour pour romantiques urbains ou dépotoir prometteur pour insecte affamé, la Seine n'a pas fini de me surprendre et de me faire rêver. Inconscient, fou, je prends le fleuve à contre-courant vers la ville de ma mort.

Paris, Paris que j'ai quittée à terre, je vais te retrouver par les airs.

IX

Quel est ce réflexe qui me guide ? Une force étrange et puissante – mon destin, un sort jeté par un sorcier tsé-tsé – que sais-je ?

Je ne suis pas là par hasard. Mi-mouche, mi-homme, ersatz d'insecte à l'esprit brillant. Je ne suis pas un homme piégé dans un corps de mouche, je suis une mouche unique et magnifique à la conscience humaine. Mon intelligence au service d'un instinct animal intact, une jouissance sans cesse renouvelée de l'identité hybride miraculeuse. Ainsi équipé, je peux bien, moi, Serge Donnadieu de la Mouche, reconquérir Paris et comprendre un peu qui m'a fichu un bordel pareil…

Détail : ce voyage au long cours est tout à fait incongru pour un individu de mon espèce. Pour nous, la découverte du monde se borne habituellement à une virée par-delà les champs de maïs jusqu'au village voisin, et jamais mouche normande n'aura poussé l'audace jusqu'à franchir le Rubicon et entrer dans la capitale. Je pars à la découverte du monde, je deviens mouche d'investigation. À moi l'exploration totale des êtres vivants et de leurs coutumes.

La route est longue et je mesure mes tout petits moyens. En suivant le cours de l'eau, il me faudra passer Mantes-la-Jolie et traverser l'Ile-de-France jusqu'aux portes de la grande ville. Mais déjà mes ailes ne me portent plus ; je suis anéanti, épuisé.

Pour un individu de l'espèce humaine, un tel voyage n'est rien du tout. Combien de Parisiens se rendent en banlieue sans nécessité professionnelle ? L'Égypte, l'Amérique du Sud, passe encore. Journaliste, j'ai visité des contrées lointaines, enfin, avant les honneurs, avant le vingt heures. Mais la banlieue, pensez-vous, quelle jungle, quel pays inaccessible ! Dire que c'est quand je n'en ai plus les capacités que je décide d'entreprendre un tel périple.

Je tombe dans une boîte de conserve rouillée échouée au bord de l'eau, sur le chemin de halage. Un reste de nourriture pour chien y a chauffé sous les rayons du soleil, juste ce qu'il faut pour reprendre des forces. Après cette halte gastronomique, je me frotte les pattes et file vers la civilisation.

Je sais bien qu'il me faudrait presque un mois pour parvenir jusqu'à la capitale. Autant dire que je serai mort bien avant d'avoir atteint mon but.

À moins que… Ô miracle de l'esprit, il me vient une idée qui va définitivement révolutionner les lois de survie et de mobilité des mouches : prendre le train ! Mantes-la-Jolie gare-Saint-Lazare : une heure, pas plus, et sans ticket à payer qui plus est… Non, vraiment, quelle idée de génie !

Évidemment, tout est relatif : pour une mouche pensante, c'est exceptionnel, et très banal pour un banlieusard moyen. Ce genre de comparaison me fait douter de mon engouement à demeurer mouche.

Bon, ce n'est pas tout, encore faut-il le trouver, ce fameux train. Pour l'instant se dresse devant moi un mur de béton, montagne cubique percée de trous. Je pique alors vers le sol et entre dans le Val-Fourré. Le vent s'engouffre au milieu de ces barres ; je vole, feuille docile portée par son souffle, et finis par me poser sur la rambarde d'un balcon au premier étage.

J'ai besoin de repos.

Je reste là, à contempler les voitures parquées les unes à côté des autres. Je remarque que je ne suis pas le seul : penchés à leurs fenêtres, des dizaines d'humains hypnotisés par la même activité, reluquent les bagnoles. Sûrement un sport local. Je me moque, avant de me revoir assis à la terrasse du Flore, avec Alexandre et les autres, à regarder passer les filles et à leur donner des notes…

Le soleil tape toujours aussi fort. J'ai soif.

Derrière moi, une table de camping ouverte, avec ses couleurs vichy à l'effet stroboscopique aveuglant.

Soudain, une main m'attrape par-derrière et m'emporte. Trop las pour éviter la secousse, je ne réalise pas immédiatement la nature du piège. Le traître a profité d'un dixième de seconde d'inattention pour m'emprisonner.

Le noir complet, la chaleur de cette paume moite : je suis fichu. Ce n'est pas avec ma petite taille que je vais pouvoir faire des miracles. Même en considérant que j'aie tout à coup une nouvelle idée de génie comme celle du train, comment la mettre en œuvre face à un géant de cette espèce ?

Ses phalanges m'écrasent, froissent mes ailes. Soudain, l'étau se desserre doucement et la lumière entre dans la main. Quatre rais éclairent ma geôle humide, deux doigts me maintiennent par les ailes. Je vois la tête goguenarde d'un adolescent attardé. Monstrueuse, elle m'observe avec des yeux ronds et visqueux qui débordent du visage, une lèvre relevée en coin qui découvre des dents carnassières et avides. Moi il y a quelques années, sûr de ma supériorité et de mon intelligence. Il tient une de mes pattes, tire dessus… et m'ampute ! Mais quel abruti !

Je sens mes membres se disloquer, un peu comme lors de ma transformation de larve en mouche. Mais sans la satisfaction de la métamorphose. Ici, ce n'est que douleur, et personne pour s'en apercevoir ou pleurer avec moi mes souffrances. C'est mon calvaire, celui du pauvre quidam aux mains du serial killer qu'il n'aurait pas dû croiser.

Quand on parle de l'insécurité dans les banlieues, on n'imagine pas des scènes d'une telle violence. Mais que fait la police ?

Totalement affolé, je me débats en vain. Ce crétin me domine de toute sa force, de toute sa cruauté dont il semble si fier. Cette tendance qu'ont les gens à confondre force et supériorité, sadisme et intelligence ! Pas de quoi pavoiser et se prendre pour la crème des animaux. Je vois les deux pinces de chair s'approcher à nouveau de moi, il veut saisir une autre de mes pattes. Je vais finir démembré, écrasé, piétiné. Je gesticule dans tous les sens et réussis à empêcher le malfaisant de me bloquer.

Concentré sur ses deux doigts boudinés, il lâche prise de l'autre main. Et voilà ce que c'est que de ne pas être attentif, triple idiot ! En un éclair, je lui file entre les doigts.

Je m'enfuis, mutilé mais vivant.

Je vole un peu de traviole, cette patte en moins déséquilibre mon corps, je dois compenser en m'inclinant pour faire contrepoids.

Saleté de gosse ! Les enfants sont des monstres et les parents, des éducateurs de monstres.

Ce monde est redoutable, pas moyen de se poser sans prendre de risques considérables.

J'entrevois la relation répulsive qui nous lie aux hommes. Au mieux, ils nous ignorent, se fondant sur notre petite taille pour en déduire un manque d'intérêt. Dans la majorité des cas, ils nous anéantissent à coups d'insecticide, nous écrasent avec des tapettes, nous grillent vivants dans leurs atroces machines à néon. Une guerre où les armes de destruction massive sont de rigueur.

De notre côté, porteurs de germes, nous faisons tout ce qui est en notre pouvoir pour affaiblir cette espèce dominante. Chaque mouche posée sur ses mets délicats est une promesse d'infection, parfois légère mais suffisante pour, année après année, altérer ces corps imposants dont elle est si fière…

Mon propre corps, quel est-il ? Je me revois face à mon miroir, ce fameux 4 août, me gargarisant de ma silhouette, persuadé de ma classe et de mes capacités de séduction innées.

Depuis des siècles la haine sévit, insidieuse et ardente.

Il pourrait pourtant exister, j'en suis dorénavant persuadé, une entente entre ces deux espèces. Les mouches ont leur utilité et des ressources dont ne disposent pas les hommes. Certains d'entre eux en ont pris conscience et les utilisent pour panser les plaies ou chercher les truffes. Mais les cochons tiennent encore le haut du pavé dans cet exercice. Et les mouches restent, dans la plupart des esprits humains, des parasites à éliminer. Les guerres entre espèces ne sont-elles pas les plus ridicules, les plus dénuées de fondement, si l'on considère qu'aucune rivalité ne les oppose ?

L'expérience unique, follement originale que je suis en train de vivre est la chance de ma vie.

J'ai vu le monde avec les yeux d'un homme. Je le vois à présent avec des globes de mouche.

Les hommes pour la plupart sont hautains, fiers, individualistes et destructeurs. Leurs passions les dévorent. Leur espèce périclite. Ils considèrent la Terre comme leur propriété exclusive, la polluent sans vergogne, faisant fi des autres espèces qui la peuplent. Inconscients d'être arrivés au bout de leur histoire. Après avoir été un éden, leur monde est devenu sale et dangereux.

Les mouches, elles, n'ont pas cette pulsion morbide. Au contraire, elles débordent de vie : voyez leur appétit sexuel, leur empressement, que dis-je, leur frénésie ! Elles sont aussi légères que les hommes sont graves.

Pourtant, poussé par le désir de revoir les miens, de savoir où en est le monde sans moi, je cherche sans relâche le chemin de la gare. Non que je m'estime toujours indispensable ou irremplaçable. De ce côté-là, je pense que le coup de massue que m'a donné le journal télévisé a accompli son travail de sape. Peut-être dois-je m'en réjouir, peut-être finirai-je moins con. En forme de mouche mais moins con. Pourtant, l'appel de la Ville lumière est plus fort que celui des champs. J'admire le mode de vie des diptères, mais c'est vers Paris que mes ailes me guident.

Je suis là, dans cette banlieue sordide où je n'ai jamais mis les pieds, à me faufiler entre des doigts crasseux et des regards ignorants.

X

Au matin du 24 août 2003, miracle ! Me voilà sur la casquette du chef de gare de Mantes-la-Jolie. J'attends sur sa visière. Au coup de sifflet, j'emboîte le pas aux voyageurs, monte dans un wagon, virevolte dans le compartiment.

Je me pose sur la vitre.

Mes ventouses collent sur la glace, mais les vibrations me font glisser vers le bas. Trois petits pas et je remonte un peu, bancal à cause de ma patte manquante. Je suis obligé à chaque remontée de faire des efforts herculéens pour m'accrocher et ne pas tomber à la renverse.

Je me demande ce qui m'attend au bout du trajet.

Il y a peu de voyageurs et nul ne s'inquiète de ma présence. Une mouche, quoi de plus anodin ?

Le soleil me chauffe l'abdomen. Je regarde défiler le paysage à travers la vitre. Côté couleurs, c'est pas trop ça : du gris, du gris, du gris. Celui des bras de la Seine, celui des usines qui surpeuplent la région, celui des gens sur les quais, dans leurs costumes sombres. Pour un peu, toute cette grisaille me ferait regretter ma géniale idée mouchesque. Je lève les pattes une à une histoire de me rafraîchir les ventouses et m'envole pour atterrir finalement sur la cuisse d'une jeune femme endormie.

Sa robe légère, flottante, glisse sur ses jambes nues. J'avance pas à pas sur ce duvet moelleux en collant ma trompe sur sa peau un peu salée, où je lui assène une multitude de suçons.

Elle dort profondément. J'escalade l'intérieur de la cuisse, entrevois la culotte blanche.

Mes pattes sur sa peau la titillent.

Frissons légers, rêves sensuels…

Quelques poils dépassent du linge pâle, une odeur âcre en remonte.

Vision fantasmatique, démesurée, presque un rêve de gosse, la tentation de Lilliput. La balade sur cette cuisse, la vision de ce sexe, son humidité, tout cela m'excite, m'affole terriblement. Mes envies sont si confuses. Cette attirance pour ce sexe cent fois plus gros que moi est invraisemblable.

Je me mets à vibrer de tout mon corps.

La jeune fille se réveille sous l'effet du bourdonnement incontrôlé et se gifle la cuisse violemment, me laissant à peine le temps de filer. Si même les jolies filles me chassent et cherchent à m'assassiner, où vais-je bien pouvoir trouver refuge ? Moi qui croyais que la beauté était pacifique…

Le trajet dans ce train de banlieue est interminable. Bringuebalé dans le wagon, je regarde défiler les stations. D'un nez busqué à un crâne dégarni, d'un doigt gracile à un décolleté profond, je flâne de pore en pore.

Avez-vous seulement idée de tout ce qui peut se passer dans un train ? Ce voyage restera pour moi riche d'enseignements. Et encore, ce n'est qu'un train de banlieue. Je me prends à rêver d'un voyage en TGV. Tous ces saucissons à l'ail, ces miettes de pain qui tombent des bouches amollies, tous ces problèmes intestinaux, quel bonheur ! Avez-vous remarqué que nombre de voyageurs en TGV souffrent de problèmes intestinaux ? Auparavant, je pensais que le train n'était qu'un moyen de transport commode et sûr pour se mouvoir d'un point à un autre. Certes, il m'était arrivé – et c'est très banal finalement – de fantasmer des transports amoureux qui me lieraient à une belle et jeune inconnue, tous deux pris d'un désir fou et incontrôlable au beau milieu d'un trajet Paris-Venise, corps copulant sans contrainte de temps sur la couchette luxueuse d'un Orient-Express filant vers des destinations froides et romantiques. J'ai changé de point de vue ; sans doute aussi parce que ce genre de scène ne me paraît plus si extraordinaire ; comment fantasmer ce qu'on a vécu ? Car avec Trompette, c'était bien un peu ça, Venise mise à part. Et Montchauvet vaut bien Venise pour qui sait s'y prendre !

Eh bien, pour ce qui est des trains, Venise ou pas, figurez-vous que la réalité est beaucoup plus triviale et plus folle que tout ce qu'on s'imagine quand on a l'esprit borné des hommes. Un train de banlieue, aux passagers qui n'ont aucune prédisposition à la parade amoureuse. Croit-on.

Plein de ces idées plaisantes et déjà fort émoustillé par mon aventure avec la jeune fille à la culotte blanche, je décide de saisir l'occasion unique qui m'est offerte. Je suis petit, anonyme et rapide. Je vais enfin pouvoir réaliser le fantasme de la petite souris : voir sans être vu, jouir de l'intimité des autres sans que nul me soupçonne…

Heureux concours de circonstances, la mouche en moi est parfaitement d'accord. Depuis un moment, ma nature diptère m'enjoint en effet de me placer au plus près de cet habitacle puant que sont les toilettes. Mon esprit me signale qu'ils seront un poste d'observation privilégié pour mes tentations perverses. Coup de bol, le premier passager à en franchir le seuil est une passagère, plutôt mignonne d'ailleurs.

Hop ! Je me faufile dans son sillage et me laisse délicieusement enfermer en sa compagnie. L'atmosphère ici est chargée d'ammoniaque et de lourds relents gastriques… Un délice !

À peine entrée, à peine le loquet enclenché, sans même vérifier l'étanchéité de la porte, elle… Non ! Je ne rêve pas, c'est bien ça ! Elle émet un énorme pet sonore et malodorant… Ma conscience se scinde immédiatement : la mouche tombe éperdument amoureuse de cette géante tandis que l'homme, profondément dégoûté, supplie qu'on le libère incessamment de ce cauchemar…

Mais ce n'est pas fini. Elle se penche maintenant vers le miroir de la cabine et… se perce un point noir ! Elle applique ses doigts sur son visage et tord un petit bout de sa peau entre ses ongles. Le liquide visqueux, noirâtre, sort d'un seul coup du pore de sa peau fine et délicatement maquillée et vient se coller sur la glace déjà constellée de taches diverses. Puis, de son doigt à l'ongle peint d'un rose délicat, elle récupère la matière collée et… Non, vraiment, là c'est trop, je veux sortir ! Je veux sortir !…

Elle déverrouille finalement la porte. Je m'enfuis à toute berzingue, ignorant les appels de la mouche qui voudrait se faire un gueuleton sur les restes que la belle dégueulasse n'a pu rattraper.

Je suis bouleversé. Écœuré. Si j'avais su… Il est des degrés d'intimité qui sont faits pour demeurer invisibles. Loin des yeux, proche du cœur…

Effrayé, je quitte ce wagon et me tapis dans un coin sombre en attendant que le train parvienne enfin à destination. Comme je m'ennuie un peu, je décide de profiter de ce temps mort pour faire un point sommaire sur ma vie de mouche et j'en arrive à certaines conclusions : pour commencer, les mouches ne sont pas si sales qu'on le dit, comparées aux hommes et à ce qu'ils sont capables d'accomplir dès qu'ils se croient soustraits aux regards. Nous les mouches, du moins, sommes ce que nous sommes et ne prétendons pas être autre chose. Pas d'hypocrisie. Un bon point pour la mouche. Deuxièmement : la simplicité de ma vie. Mais là, j'avoue que j'ai encore du mal à y voir une supériorité. Certes, j'ai appris à profiter de ma courte existence, j'ai appris à me contenter d'une partie de pattes en l'air sans chercher midi à quatorze heures. Mais enfin, je reste bien homme encore et certains rapports humains me manquent cruellement : la communication surtout, qui se réduit à presque rien depuis que je suis un insecte. Si j'étais mouche et seulement mouche, je n'y verrais sans doute pas d'inconvénient, mais voilà, avec ma double nature...

Je me dis, tout en me passant les pattes sur les antennes, qu'un journaliste, fût-il au sommet de sa gloire, n'est pas la panacée. Au-dessous de ce journaliste, il y a d'autres êtres : moi, la mouche, par exemple. Au-dessus, il y en a d'autres aussi. Des maillons, voilà ce que nous sommes. Et, maillon pour maillon, autant profiter des avantages de sa condition. Mouche, c'est pas génial, mais journaliste imbu de sa personne, c'est pas génial non plus. Et en plus, c'est creux et ça manque de poils.

XI

J'entends Maryse sangloter et je voudrais lui dire de bien me regarder.

Sur le visage de Serge, aucune souffrance, les traits paisibles d'un homme qui dort, un homme qui rêve, rêve de pénétrer tout entier dans le sexe d'une femme, assise cuisses légèrement entrouvertes, dans un train de banlieue entre Mantes-la-Jolie et Paris.

Un homme-mouche qui salive devant une culotte, aussi grande que la grand-voile d'un navire gonflée par le mont de Vénus.

Une mouche posée, comme un grain de beauté, à l'entrée de la vie.

XII

Gare Saint-Lazare, la salle des pas perdus est déserte. L'atmosphère étouffante et polluée m'empêche de voler normalement. Je rase les pavés entre les mégots de cigarettes. C'est irrespirable. Je sors au grand soleil et me pose sur la sculpture des horloges mortes.

Les voitures crachent leur poison, les marteaux-piqueurs explosent le sol à grand fracas. Quel tintouin ! Mon Dieu, que suis-je venu faire ici ? Je les plains, ces humains. Ils mangent n'importe quoi, respirent des gaz toxiques, courent à perdre haleine du matin au soir. Et tout ça pour quoi ?

C'est déprimant.

Un peu plus loin, à l'angle de la rue de la Pépinière et de la rue Pasquier, un rat écrasé s'étale de tout son long.

Je fonds sur l'objet avec convoitise, tourne autour un moment, comme un enfant gourmand devant une pâtisserie. L'odeur en est forte, de la viande pourrie mâtinée d'un soupçon de gaz. Je respire à pleins poumons. Un vrai bol d'oxygène.

Le caniveau gluant, une odeur de sueur qui se dégage des passants, la poubelle d'un bistrot, et le paysage se fait plus accueillant. Je picore de-ci de-là pour me refaire une santé.

À l'horloge de la gare, il est 16 h 39. Un orage éclate. Les rues se vident, je file entre les gouttes aussi grosses que moi. Un mur de pluie s'abat sur mon chemin, je suis emporté, trempé, noyé, rabattu au sol dans un torrent d'eau. C'est mon premier orage de mouche. J'ai bien connu quelques bruines d'été mais rien de si démentiel. Un cataclysme, un raz-de-marée. Si les mouches avaient un journal télévisé elles aussi, ce ne seraient qu'annonces apocalyptiques et catastrophes naturelles à la chaîne. Je vois ça d'ici : « Un million de mouches décimées dans une violente tempête rue Quincampoix. Les rescapés sont priés de se présenter à la cellule d'urgence mise en place dans la soupente de l'immeuble sis au numéro 5 de la rue. Les renforts sont attendus d'une minute à l'autre… » Rien de nouveau sous la pluie. Question de fréquence, c'est tout.

Je m'agrippe à une feuille de papier journal, tel Moïse sauvé des eaux, et me laisse embarquer sur mon radeau. Je passe de grands coups d'essuie-glace sur mes yeux, surfe dans le caniveau sur la vague de pluie et finalement m'accroche, à l'abri, à l'écorce d'un marronnier.

La pluie cesse peu à peu. De la vapeur s'échappe du goudron bouillant et remonte sur l'avenue, le rideau de nuages s'ouvre, le soleil vient sécher les gouttes.

J'avance sur le tronc, me frotte les pattes avant, m'égoutte les antennes et pompe de l'écorce humide un jus de bois mouillé. Pas mauvais.

Je passe devant la vitrine d'un grand magasin. Je me fraie un passage entre les badauds et me coince entre deux femmes aux allures de matrone embourgeoisée qui se mirent tant bien que mal. Moi aussi, je me regarde. Mes ailes, bien qu'abîmées par le voyage, les secousses et la pluie, restent du plus bel effet : elles se déploient autour de mon abdomen et forment une corolle légère et gracile, striée de nervures fines et délicates.

Je pense à mon image à la télévision, à mon corps. Où est-il ? Suis-je déjà en terre ? Bouffé par les asticots, mes propres enfants ?

Les cloches de l'église Saint-Augustin au loin se mettent à sonner, un bruit assourdissant envahit l'espace. Un coup de vent et les arbres tremblent. À leurs pieds, l'eau s'accumule, formant des étendues frémissantes. Peu à peu, l'air se réchauffe doucement et je profite d'un courant ascendant pour monter vers les toits.

Je repère une fenêtre ouverte au dernier étage d'un immeuble délabré. Le temps de l'ascension, je jette un œil aux paliers inférieurs. Toutes les fenêtres, des baies vitrées pour la plupart, sont closes, avec le temps qu'il fait. À l'intérieur, des hommes et des femmes sont assis à des bureaux, le regard rivé sur des ordinateurs. Personne ne semble parler. Personne ne semble penser non plus. Non, ils pianotent, comme des robots, devenus machines eux-mêmes. Ils vivent en vase clos et leur monde est tout petit... Je me pose sur la charpente à côté d'un pigeon boiteux. L'odeur de fiente et de plumage mouillé qui règne dans cette piaule misérable est un bain de jouvence, un véritable cocon. J'oublie le temps et m'immobilise, le regard absent, dominant Paris... Dire que les hommes se croient les seuls habitants de la ville. S'ils pouvaient se faire une idée du faible pourcentage d'âmes qu'ils représentent, s'ils savaient la vie qui grouille et qui se meut sous leurs pieds, au-dessus de leurs têtes et dans chaque recoin inexploré ! Ce serait la panique. Les rats quitteraient le navire et on pourrait enfin se loger correctement.

Des souvenirs de ma prime jeunesse affluent en masse, je me revois en étudiant fraîchement débarqué de sa province. La nostalgie m'étreint sans crier gare. Je ne l'avais pas prévue, celle-là. Je me souviens de Montmartre, de ma chambre de bonne perchée en haut de la rue Lepic, de ces heures passées à la fenêtre, plein d'insouciance et d'assurance mêlées, à regarder changer les couleurs de la ville qu'il me fallait conquérir. Version dégradée des *Illusions perdues*, en quelque sorte. Elle est venue, la célébrité ; j'ai connu le haut de l'affiche, la tête bien vissée dans vos lucarnes. Vous me trouviez beau. Oh, bien sûr, vous n'étiez pas nombreux à savoir que, certains soirs, cette notoriété télévisuelle me pesait, qu'avant tout ça j'étais déjà journaliste... Un journaliste de terrain, un grand reporter parcourant la planète, couvrant les conflits, prenant des risques. Paradoxalement, j'avais l'esprit plus léger alors. Je ne craignais que l'ennui, l'immobilité, la routine. Je me fichais pas mal qu'on me reconnaisse dans la rue, de faire la une et d'être dans le cœur de la fameuse ménagère de moins de cinquante ans. J'avais presque oublié cette époque, dissimulée soigneusement dans un repli sombre de ma mémoire. Il est des souvenirs qui vous encombrent, vous donnent mauvaise conscience.

Ce temps est loin, à présent. Ma vie actuelle me fait réaliser la liberté perdue pour une gloire de pacotille, résumée aux trois minutes trente gracieusement accordées par mes chers confrères pour annoncer ma « disparition ».

Ah là là, ça me file le bourdon, si j'ose dire.

Je suis mieux avec les pigeons.

Par terre, de la mort-aux-rats étalée à profusion. La lucarne ouverte claque et brise un dernier morceau de vitre qui résistait encore. Le vent s'y engouffre, apportant avec lui le cri strident d'un klaxon. Comment s'habituer à un boxon pareil ? J'ai vécu dans le bruit et la pollution durant des années, m'y trouvant à mon aise, comme un poisson dans l'eau, un poisson qui ne s'aperçoit pas que son eau est bourrée d'acide sulfurique.

J'ai même trouvé le moyen d'en rajouter un peu en me baguenaudant en 4 x 4 et en balançant des plastiques et des détritus n'importe où. Dur

dur de se comprendre soi-même, pas étonnant qu'on ne comprenne pas son voisin.

Je passerais bien quelques heures d'acclimatation urbaine dans ce grenier, des poutres à la fenêtre et de la fenêtre à la gouttière.

Mais la faim me tord bientôt l'abdomen, et il n'y a définitivement rien à se mettre sous la trompe dans cette soupente. Je salue mon pigeon et plonge dans le vide, virant à 90 degrés vers la Madeleine.

Retrouver les rues et les parcours d'antan me grise, je suis étourdi de reconnaissance mêlée à un sentiment d'étrangeté ; les mêmes espaces avec un point de vue différent. Un monde familier et que je regretterais presque si je n'avais tant appris de mon éloignement.

Les voies de l'inconscient sont impénétrables et je fonce dans la ville à la recherche de mon passé, mû par un irrépressible besoin : faire mon deuil.

Revoir une dernière fois mon corps disparu.

Difficile de me situer dans le temps. J'ai la vision de *moi* gisant sur un lit d'hôpital. Mon image sur l'écran de télévision me revient encore.

Je traverse la place de la Concorde, celle-là même où j'ai rencontré Maryse il y a quinze ans. Elle était sous le soleil, ses cheveux flottaient, je n'ai vu qu'eux tout d'abord. Je me souviens m'être fait la réflexion : « Si ça se trouve, elle est moche mais elle soigne ses cheveux. » Et puis elle s'est retournée en entendant le moteur de ma voiture. Elle attendait le bus, elle a trouvé un chauffeur. Et moi, j'ai trouvé un diamant, une perle que j'ai égarée depuis. Oh, à quoi bon à présent me remémorer tout ça ? C'est perdu et depuis longtemps, il n'y a plus rien à faire.

Je pénètre dans le jardin des Tuileries. Abandonnée par un enfant, une glace vanille-chocolat coule au soleil et s'étale sur le sable. J'atterris dans la friandise qui commence à tourner avec la chaleur et je m'en délecte. Je pense à mes deux garçons qui me pleurent à présent. J'ai envie de leur offrir une glace et de les emmener au jardin faire un tour de manège. On regarderait les canards dans le bassin, on leur jetterait des miettes de pain et puis, oh allez, on pourrait même leur courir après pour les effrayer un peu.

L'eau de la fontaine oxygène les carpes asphyxiées qui me goberaient volontiers.

Je vais passer la nuit à voler au clair de lune, flirter dans les allées, grignoter les restes d'un sandwich au jambon violacé. Une nuit de rêve, une nuit blanche et scintillant des lumières de la tour Eiffel.

La rosée du matin sur mes ailes, ma vie de liberté, de sans domicile fixe, de sans-souci, m'emplit à nouveau d'un bonheur inouï. Je me dis confusément que la mouche que je suis ressemble à l'homme que je suis réellement et non à cet ersatz qui se pavanait au journal de vingt heures.

Je monte en chandelle pour voir le soleil se lever au-dessus des toits, à la cime des arbres, au-dessus de ces mille Paris. Je revois la Seine et ses bateaux-mouches glisser sur l'eau verdâtre. J'apponte sur le chapeau de paille d'une bruyante Américaine (je ne dis pas « Américaine » par une sorte de conviction anti-impérialiste qui me ferait prendre toutes les grosses pour des hamburgers, non, je sais qu'elle cst américaine parce qu'elle mâche du chewing-gum et je sais qu'elle est bruyante parce que mes capteurs poilus me font mal ; je remonte jusqu'au Pont-Neuf et décide de faire un petit détour par l'esplanade des Invalides. La lumière irisée d'après la pluie se reflète dans le dôme. Il scintille comme un arc-enciel géant et me pique les globes. Je descends vers les parterres pour respirer un peu d'herbe et retrouver les sensations de la campagne. Cette fraîcheur me fait du bien, elle me redonne de l'élan et, une fois remis en selle, je me lance à vive allure dans la rue de Grenelle. Tout est calme, les ministères dorment du repos du brave, on ne voit que quelques touristes égarés, sortis du musée Rodin des affiches sous le bras, émus ou gorgés de connaissances, selon les cas, ayant vu ce qu'il y avait à voir. Je pénètre dans Saint-Germain-des-Prés.

Je vole comme on flâne, de la rue de Seine à la place de Furstemberg, la trompe au vent.

Tout à coup, mes poils se hérissent. Mes yeux bombés reconnaissent le café de Flore.

Quel choc !

Il n'y a pas si longtemps, je devais y retrouver Guillaume et Alexandre pour ce déjeuner auquel je ne devais pas assister. Cette fameuse journée qui a fini, patatras, dans le caniveau – vous connaissez la suite…

J'arrive, les copains ! Attendez-moi !

XIII

Arrivé à la terrasse, je deviens fou, zigzague en tous sens, passe de table en table, puis me propulse à l'intérieur du café, tourne autour des lustres, observe de haut cette salle que je ne connais que d'en bas. Comble à cette heure, elle présente un bel échantillon de ce qui se fait de mieux dans le quartier. Tout le monde semble sur son trente et un, comme si c'était jour de fête. Les tenues qui attirent mon globe aujourd'hui n'auraient sans doute pas retenu mon attention il y a peu encore. Rien à voir avec la banlieue où j'étais tout à l'heure. Les deux mondes sont aussi différents que celui des hommes et celui des insectes. Si je m'étais retrouvé smicard à Argenteuil, le dépaysement n'aurait pas été plus brutal.

Je passe par les cuisines, monte aux toilettes, redescends en looping par les escaliers jusqu'à la caisse, ressors et me pose sur un menu taché de beurre un peu rance. Les cinq pattes ventousées sur ce morceau de carton, j'observe les va-et-vient.

Situation stratégique. À la position du soleil, il n'est pas loin de 14 heures. Ce serait bien le diable que je ne croise pas un de mes acolytes habitués du lieu !

Une foule d'inconnus et puis des silhouettes familières. Un grand escogriffe suivi de deux nanas très tralalas entrent et s'assoient au fond de la salle, venant compléter une tablée bruyante.

Les serveurs se faufilent parmi ce tout petit monde très chic…

Je les reconnais bien et me demande soudain si je ne préfère pas rester un insecte insignifiant, tant ils me paraissent déguisés, tous un peu chiffon. Maintenant j'en suis sûr, on est dimanche !

Spectateur de ce guignol géant, j'ai envie de les saluer, même ceux que je ne connais pas.

Je m'approche mais, systématiquement, ils me repoussent d'un revers de la main.

Je saute du croque-monsieur chester à la salade Flore. Évidemment, aucun d'entre eux ne peut comprendre mon désarroi de mouche rejetée. Je me pose sur les uns, sur les autres, le brouhaha grandit. Un des garçons arrive surexcité et me flanque un coup. Emporté par la violence du choc, j'échoue sous une banquette. Sonné, je me planque et ne bronche plus.

Je sursaute. Je viens d'entendre des voix amies : celles de Guillaume et Alexandre. Les sons, amplifiés, me résonnent aux tympans. Je m'acclimate peu à peu et tente de comprendre des bribes de ces mots humains qui filent à vive allure. Guillaume et Alexandre discutent avec les amis qu'ils ont rejoints.

Ils n'ont pas l'air tristes !

Ils parlent de tout et de rien. Des dernières municipales remportées par Matel : « Un type bien, ce Matel, d'ailleurs il faudra que je pense à lui demander conseil pour… » et tatata et tatata. Pourtant, la dernière fois qu'on en avait parlé, de Matel, je me souviens bien qu'on s'accordait tous à le traiter d'escroc… Puis ça dévie sur le réchauffement climatique, les baleines échouées, les cargos qui déversent leur pétrole, tous les grands sujets en somme, tous ces grands problèmes actuels que Matel, pas de doute, va résoudre de main de maître. Ou alors on évitera d'en reparler, c'est tout. Et chacun d'y aller de son commentaire, avisé ou pas, et de s'étendre sur les divers sujets, d'étaler ce qu'il connaît comme ce qu'il ignore. C'est ça aussi, Saint-Germain-des-Prés.

Soudain je suis aux aguets, j'ai entendu mon nom, on parle de moi. J'en étais sûr, ici au moins je compte encore. Bizarre, c'est le grand escogriffe qui demande de mes nouvelles, on n'était pas très proches pour autant que je m'en souvienne.

— Oh, tu sais, il est foutu.

Non mais qui a répondu un truc pareil ? C'est Alexandre ! Sympa, ça fait toujours chaud au cœur, heureusement que ma vie ne dépend pas de l'optimisme des copains !

— Alors la place est libre…, ajoute le grand dadais. Hé, Guillaume, je te cause, mon cher !

— Oh, ça va, fiche-moi la paix, répond Guillaume.

De quoi ils parlent, là ? Je ne comprends pas tout, peut-être que mon ouïe me fait défaut ou invente, c'est fort probable, ça fait longtemps que je n'ai pas entendu de conversation humaine.

— Bon, ben ça va, renchérit l'autre. Tu vas pas te mettre à pleurer quand même ! T'as un peu ce que tu voulais, non ?

— Pas vraiment, non.

— Hé dis, tu crois qu'il aurait chialé Donnadieu, tu crois pas qu'il s'en serait pas mal foutu s'il avait été à ta place au lieu de la sienne ?

— Bon, écoute : d'abord Donnadieu, il est pas mort, il est dans le coma. Ensuite, c'est un ami et je…

— Ah oui, un ami ? Il vous a fait de belles crasses, tout de même, à Alex et à toi. T'as oublié déjà ? Il faut te rafraîchir les méninges ? Si c'est lui qui a fini au vingt heures et pas toi, c'est quand même pas par l'opération du Saint-Esprit, mon cher !

Guillaume ne répond rien. Mon pote Guillaume ne sait plus comment me défendre. Mon pote Guillaume ne sait peut-être plus très bien s'il souhaite ma mort ou pas. C'est pour une place au vingt heures que mon meilleur ami ne sait plus très bien s'il souhaite ma mort ! Je suis ébahi.

Cela dit, je fais le malin, mais il n'a pas complètement tort, l'autre abruti, je n'aurais pas eu ses scrupules, à Guillaume. Je me rends compte à quel point cette société des hommes dont je faisais partie est un sable mouvant imperceptible. On est happé par des règles qui nous sont parfois totalement étrangères. Et peut-être que je n'ai pas eu de scrupules à l'époque !

XIV

Le téléphone portable de Guillaume vibre dans sa poche et m'envoie un ballet d'ondes stridentes.

Il se lève brusquement et sort.

Sur son épaule, juste au bord de sa nuque, je me cramponne et me laisse emporter.

— Allô ?

— …

— Oui, mon cœur, je t'écoute.

— …

— Quoi ? Je ne peux même plus t'appeler « mon cœur » ? La donne a changé, c'est bien ça alors ?

Bon, s'il faut que je me tape les prises de bec amoureuses de Guillaume, maintenant !

— Bien sûr, je comprends. Mais écoute-moi, Maryse…

Tout s'assombrit. J'ai le vertige, je sens que mes pattes ne me tiennent plus. Je bascule et tombe à la renverse à trois millimètres de la chaussure de ce type que je n'ai plus envie de nommer. C'était donc ça, la fameuse place libre dont il était question ? Pour le travail, encore, j'aurais pu comprendre, mais là… Comment a-t-il pu me faire ça ? À moi, son meilleur ami ? Je vais mourir bientôt, et à présent je sais que j'aurais préféré mourir définitivement ce fameux 4 août, dans un caniveau. Maryse… Non, ce n'est pas possible ça, Maryse ! Mais qu'ai-je fait au bon Dieu pour qu'aussitôt mort elle m'oublie ? Et d'ailleurs, qui sait, ça dure depuis bien plus longtemps peut-être. Ma femme et mon meilleur ami ! C'est ignoble, c'est dégoûtant, c'est… les mots me manquent. Comment ai-je pu être aussi aveugle ? Et les deux, là, qui continuent à parler sans se douter que j'écoute leur conversation. D'ailleurs je ne l'écoute plus, j'en suis bien incapable. Quelle trahison, quelle infamie !

Euh, dis donc, Serge, tu crois pas que t'en fais un peu trop ? À qui la faute si elle est partie voir ailleurs ?

Qui parle à présent ? Le diable ? Ma conscience de mouche ? On est en plein délire ! Ma conscience de mouche… Ma conscience… qui me dit que si je n'ai rien vu c'est que je n'étais pas là pour voir, que si je n'ai rien su c'est que je n'avais pas voulu savoir… Oh, et puis merde, je ne vais quand même pas me sentir fautif à présent !

— Oui, tu as bien fait. Je pense que tu as bien fait. Quelques heures de plus, tu en as besoin, et puis on ne sait jamais, et après tout, ils peuvent bien attendre un peu, vu ce qu'on paie.

— …

— Il ne faut pas les traumatiser, Maryse, tu sais, les enfants c'est fragile, leur père ils l'aiment, malgré ce qu'ils en disent.

Allons bon, je vais en apprendre encore long comme ça ? Et cet enfoiré, il m'a remplacé à leur chevet, il les borde le soir dans leur lit, peut-être ?

— Moi aussi, je croyais que mon père se désintéressait de moi, je trouvais qu'il ne s'occupait pas assez de ce qui me concernait. Mais c'est quand il n'est plus là qu'on comprend la valeur d'un père, tu comprends ?

— …

— Bon écoute, on arrive tout de suite, tiens bon, tu es dans ton droit, dis-toi bien que tu es dans ton droit, ne les laisse pas débrancher.

Guillaume fait un signe à Alexandre à travers la vitre du café ; illico, je grimpe de nouveau sur son épaule. Ça me dégoûte un peu de m'aider d'un Judas pareil, mais c'est le plus sûr moyen de rejoindre Maryse en temps et en heure.

Nous nous engouffrons tous trois dans la voiture d'Alexandre. Quelques gouttes de sueur dégoulinent sur la peau de ma monture. Je bois de cette eau salée qui ne désaltère pas et décide de m'installer confortablement sur la plage arrière pour faire un brin de toilette.

Nous roulons à vive allure et mes deux copains n'imaginent pas une seconde que je puisse être avec eux. J'ai beau lancer de légers appels, tenter d'attirer leur attention, rien n'y fait : je suis trop petit pour leurs yeux, ils ne se doutent même pas de ma présence. Après tout, ça vaut peut-être mieux, je risquerais encore de prendre un coup. Venant d'un ami, même si l'amitié me paraît aujourd'hui une notion toute relative, il ne manquerait pas de me faire du mal. Moralement, je veux dire.

Ils entament une conversation dont je suis le centre. Mis à part que je suis un salaud mais qu'ils m'aiment bien quand même, il n'y a pas grand-chose à en retenir.

Je repense à Trompette. M'a-t-elle trompé elle aussi ? Oui, et un paquet de fois avec ça. Et pourtant je ne lui en veux pas, c'est dans l'ordre des choses. Maryse, c'est différent, évidemment. Mais au fond, je me dis que, peut-être, Maryse a pensé que je la considérais comme une parmi tant d'autres. Mon attitude a pu lui laisser croire que je n'attachais pas de prix à notre histoire. Il faut reconnaître que j'ai oublié notre amour, avec le temps. Guillaume a pu être sa Trompette à elle. Il était là, disponible, et ce n'est pas un mauvais bougre. Pas très franc et pas très pur, c'est vrai… Mais moi-même, qu'avais-je de plus à lui proposer ? Rien, absolument rien, et certainement pas le loisir qu'il lui consacrait. Alors, Serge, sois grand seigneur, accorde-leur ta bénédiction. C'est ça oui, des clous !

Après une demi-heure d'à-coups, d'accélérations et de freinages intempestifs, la voiture s'immobilise. Ils sortent et je me précipite avant qu'ils ne claquent les portières et m'emprisonnent définitivement dans ce four.

Je tournoie autour de leurs têtes et me pose à nouveau sur l'épaule de Guillaume.

Nous avançons, le soleil se déchaîne tel la foudre, violent, brûlant.

Devant nous, un hôpital.

Je reconnais ce grand bâtiment blanc avec son entrée de verre… Pas de doute, c'est Georges-Pompidou.

Peut-être que la vue de ma dépouille chassera mon âme de cet insecte. Après tout ce périple depuis Montchauvet, je serais au bout du voyage, de mon aventure.

Encore faut-il la jouer fine pour pénétrer dans ce lieu où ceux de mon espèce ne sont pas les bienvenus. Rester planqué sur le dos de mon pote et espérer ne pas être repéré.

Espérer ! À quoi bon maintenant ?…

Le hall climatisé ressemble à l'intérieur d'un frigo sans victuailles. Les voix s'entrechoquent et rebondissent sur les murs laqués.

Nous nous dirigeons vers les ascenseurs. J'embarque, incognito.

Septième étage. Les portes s'ouvrent sur un couloir vide. Le soleil s'écrase au sol, il fait froid. Un chariot passe et entre dans une salle en percutant deux portes battantes avec le bruit d'un train fantôme.

Je fléchis les pattes pour me faire plus petit.

Nous arrivons dans le service de réanimation.

Maryse est là, seule, debout devant la porte de la chambre 722. Elle s'approche de Guillaume, pose sa main sur son épaule, m'effleure. Il la serre dans ses bras. Je pensais ne plus jamais revoir ma femme, le délice de ma vie d'homme. Bouleversé, je tremble.

Les larmes coulent des yeux de Maryse. Guillaume l'étreint encore plus fort, presque sensuellement. Ah ah, la place est libre ! Non, mais qu'est-ce que tu crois, mon petit bonhomme ! Attends un peu, va, tu vas voir… Je me recule, je prends mon élan et… et rien du tout, il ne s'est même pas aperçu que je lui avais mis un coup de tête, cette brute, il n'a même pas daigné passer la main sur son front. Pas même une chatouille. Mais tu ne perds rien pour attendre, j'irai l'empoisonner ta salade Flore, dès dimanche, et j'en ferai autant semaine après semaine, jusqu'à ce que tu comprennes. Il y a des limites à l'amitié tout de même !

Nous pénétrons dans la 722. Je ne vois que des appareils clignotants et les néons du plafond.

J'escalade le dos de Guillaume et regarde par-dessus son épaule.

XV

Sur le lit, recouvert d'un drap bleu, mon corps gît, les yeux clos.

Maryse s'approche de moi, passe sa main dans mes cheveux, caresse mon front et y dépose un baiser mouillé de larmes. Comme elle resplendit jusque dans la douleur !

Elle demande qu'on la laisse encore quelques instants.

Alexandre et Guillaume sortent.

Maryse s'assoit sur la chaise face au lit et me regarde. Mais elle ne regarde pas la mouche posée au plafond, qui observe et écoute. Elle entame un long monologue, ou serait-ce un dialogue ? Elle me parle, elle m'explique, persuadée de parler dans le vide. Son soliloque s'entrecoupe de longs sanglots.

— Sous le pont Mirabeau coule la Seine… L'amour s'en va… Comme la vie est lente… Et comme l'espérance est violente…

Tiens, j'ignorais que Maryse aimait la poésie.

Une infirmière entre, lui tend un verre d'eau, Maryse Donnadieu reste assise, le verre entre les mains. Dans l'eau se reflète son visage marqué par la douleur.

— C'est drôle tu sais, Serge, je me souviens de tout à présent, même de ce que j'avais oublié avant ce jour terrible… Je repense souvent à notre rencontre. Ce jour de juin 1988, place de la Concorde. Je venais de débarquer d'Irlande pour passer quelques jours de vacances à Paris. Je voulais me rendre au Quartier latin, visiter le Panthéon et le Jardin des plantes, flâner à Saint-Germain-des-Prés.

Il faudrait que je lui dise que moi aussi, j'ai repensé à tout ça, que j'ai revu la Concorde et que tous ces souvenirs me sont revenus. Les mots me font défaut, pour la première fois. Que m'importe à présent de pouvoir batifoler avec les mouches sans communiquer ? Maryse, entends-moi.

Depuis quand n'avions-nous pas reparlé de la Concorde et de cet été ensoleillé ? Il y a eu ensuite d'autres étés mais ce n'était plus à notre amour que nous les consacrions. J'avais mon travail et mes occupations mondaines, Maryse avait les enfants et… Guillaume ?

— J'attendais un bus pour traverser la Seine. Alors que je feuilletais des dépliants touristiques, une voiture décapotable minuscule, une Fiat 500, s'est arrêtée à ma hauteur. C'était un jeune homme d'une trentaine d'années, plutôt beau gosse, dragueur. L'archétype du séducteur latin.

Elle est là à se tordre les doigts, à tirer ses cheveux en arrière, lisser la peau de ses joues.

Voir sur le visage de l'homme tant aimé les paupières s'ouvrir, un cil bouger, un rictus, une larme, une goutte de vie…

Sur l'écran face à elle, une ligne verte sur fond noir, bien droite, bien plate, bien morte : l'encéphalogramme. Pour les médecins, aucun espoir, cet homme est cliniquement mort.

Croit-elle encore à la possibilité d'un réveil ?

— Tu m'as demandé où j'allais, tu m'as proposé de m'emmener. Tu m'as raconté que les bus étaient en grève. Bien sûr, je ne t'ai pas cru. Tu pensais que je t'avais cru ? Mais j'ai tout de même accepté de monter dans ta voiture. Voilà comment ça a commencé. Venue pour une semaine, je suis restée quinze ans. Que faire ? Attendre, attendre encore que la vie revienne dans cette chair ou oublier à jamais et… laisser place au destin. Y a-t-il vraiment une heure ? Débrancher ces appareils et en finir avec notre histoire ?

Je devine l'hésitation qu'elle ne dit pas. Je perçois le drame qui se joue dans ces jolis yeux embués.

Non, Maryse, ne me débranche pas, qui sait ce que deviendra la mouche quand tu me débrancheras ? Partira-t-elle en même temps que ce corps mort ? Je ne t'entendrai plus alors. Et je veux t'entendre encore, Maryse, t'entendre encore parler de nous, de ce que nous avons été, de ce que nous serons de nouveau, très bientôt, fais-moi confiance, je t'en fais la promesse.

— Et puis alors, il y a eu nous deux, nos premières années. Le petit appartement de la rue du Bac, les longues promenades les soirs d'été, sur les bords de Seine, le parvis de Notre-Dame, ces glaces dégustées aux terrasses de l'île Saint-Louis ; ces temps bénis que la routine n'avait pas encore ternis. Puis le mariage et les enfants, nés à deux ans d'intervalle.

« Tout semblait pour le mieux. Et puis ça s'est gâté. Pourquoi, comment ? À qui la faute ? Au temps, tout simplement, qui vient à bout des plus belles histoires d'amour. L'amertume a flétri les sourires aussi. »

L'infirmière de nouveau. Elle demande si tout va bien. Maryse fait oui de la tête. Moi, je vois bien que ça ne va pas. Pas du tout. Et pourtant, je ne suis pas infirmière. Je ne suis qu'une mouche, je ne suis que ton mari. Et cette amertume, ce n'est pas la mouche qui l'a laissée naître, c'est le mari. Comme j'ai honte à présent de cette indifférence à laquelle je t'ai laissée croire, de cette distance qui s'est agrandie, peu à peu, entre nous. Attends-moi, Maryse, il n'est pas trop tard, pas encore.

Je la vois prendre un mouchoir dans la boîte, sur la table de chevet, à côté de ce grand corps qu'elle ne reconnaît déjà plus. Ses pleurs n'ont pas de fin. Va-t-elle arrêter là cette conversation qui n'en est une que pour moi, moi la mouche qui l'écoute de mon plafond ? Va-t-elle décider que tout est bien fini, et me priver définitivement de sa voix tant aimée ?

Mais elle se ressaisit et reprend doucement le fil de ses pensées-paroles.

— Comme tu ne t'occupais plus beaucoup de moi, de nous, que tu ne parlais plus que de ton travail et de tes relations, de ton pouvoir, de ton talent, je me suis lassée. J'ai d'abord pensé que tu avais une maîtresse. Alors j'ai pris un amant. Bêtement. Pour ça, je n'ai pas dû aller chercher très loin. Je me suis confiée à Guillaume, ton meilleur ami. Et puis, un soir, parce qu'on avait trop bu, je me suis retrouvée dans son lit. Tout aussi bêtement. J'ai regretté, bien sûr. Puis j'ai recommencé. Je sais aujourd'hui que tu n'avais pas de maîtresse, que ta seule maîtresse n'a jamais été que toi-même, ta faconde, mais je sais bien aussi que c'est la pire des maîtresses.

Pourquoi cette confession ? Des remords ? Non, je ne crois pas. Des regrets plutôt, le regret de n'avoir pas su faire autrement. Si tu savais comme j'en ai aussi des regrets ! Pourras-tu jamais me pardonner ?

— Ces derniers mois, j'avais même pensé au divorce. Comme ça, de façon presque nonchalante, sachant qu'au fond je n'aurais pas vraiment la force de me lancer dans pareille entreprise. Et puis il y avait les garçons, alors… C'est toujours ce qu'on se dit quand on n'a pas le courage de vivre libre, n'est-ce pas, Serge ?

Parcourue de spasmes, Maryse se penche sur mon corps et embrasse mes yeux.

— Et maintenant je suis là, à veiller l'homme que j'ai follement aimé et que j'ai épousé un matin de printemps, il y a quinze ans. Et je regrette et je t'aime. C'est vraiment trop con, la vie. Faut-il perdre les choses et les gens pour comprendre ce qu'ils représentent ? Bon Dieu, comme tu es beau, comme je voudrais te voir sourire, ne serait-ce qu'une dernière fois, pour un au revoir.

Un médecin entre et prend Maryse par les épaules, la pousse vers le couloir où l'attendent ses amis. Non, Maryse, ne les laisse pas faire, je suis là, je t'aime.

Je reste au plafond, juste au-dessus de ma future dépouille que je contemple, ahuri par ce que je viens d'entendre, incapable de quelque action. Et je regarde un homme sur un lit. Le face-à-face de l'avant et de l'après, de l'esprit et du corps.

Je m'observe. Je ne m'imaginais pas ainsi. Le reflet du miroir est trompeur : cet homme allongé ressemble à un sosie. Un autre être que moi.

En un sens, je me sens libéré. Vivant de chair et déjà mort d'esprit. La vérité était si simple : le coma, là était la cause de tous mes tourments. Bien sûr, le coma ! Cette contrée inconnue, plus vraiment la vie et pas encore la mort. L'esprit doit bien trouver un logis où se nicher tout ce temps de l'attente, dans la parenthèse entre la vie et le trépas. Je sais que tout cela semble abracadabrant, mais je ne vois pas d'autre explication possible. Alors j'accepte celle-ci, qui en vaut bien une autre. Elle est bien suffisante pour calmer un peu mon esprit agité. Concernant la suite, ce ne sont que doutes et craintes. Mon âme me suivra-t-elle encore une fois quand mon corps de mouche sera trop fatigué ? Je réalise soudain que ma seconde mort est pour bientôt.

J'ai quitté cet homme, je quitterai cette mouche et continuerai ma route. Et j'oublierai les miens, pour de bon cette fois. Restera-t-il une petite place pour Trompette comme il y en a eu une pour Maryse ?

Des bruits de talons qui claquent le sol me donnent l'alerte. On s'approche de la chambre.

La porte s'ouvre, deux infirmiers et un médecin entrent, volontaires. Pris de panique, je me laisse choir et tombe à la verticale sur ma propre bouche. La peur d'être surpris, la panique s'emparent de moi soudain après le répit du tête-à-tête égotique… Je file à toute allure vers mon nez, entre dans une narine, pénètre à l'intérieur en me frayant tant bien que mal un chemin à travers les poils. Je pousse sur mes pattes de toutes mes forces et m'enfonce dans cette jungle noire et hostile.

Terrorisé, je remonte encore plus haut dans ces tuyaux ramifiés qui se dirigent droit vers l'inconnu.

Je suffoque et tente de faire demi-tour pour ressortir. Impossible de me retourner, je suis bloqué !

Il est 19 heures. Les médecins s'apprêtent à exécuter les volontés de Maryse Donnadieu, débrancher l'assistance respiratoire.

Impossible de battre des ailes, impossible de rebrousser chemin. Je suis piégé, j'étouffe.

Le thorax comprimé, je souffre. Mes yeux s'éparpillent, une lumière violente illumine mes facettes, puis vient la nuit.

Je meurs.

Je file dans un tunnel obscur, ma vie de mouche repasse à toute vitesse : Montchauvet, les orgies dans le purin, les queues des vaches, le TER Mantes-la-Jolie-Saint-Lazare, la fille pétomane dans les toilettes du train, les Tuileries la nuit, le Flore, Guillaume et Alexandre, l'hôpital Pompidou, Maryse, ma rencontre avec mon alter ego humain.

Je sens mon âme quitter mon corps de mouche.

XVI

Sous le pont Mirabeau coule la Seine
Et nos amours
Faut-il qu'il m'en souvienne
La joie venait toujours après la peine.

— Docteur, je peux débrancher maintenant ?

Le médecin tourne la tête une dernière fois vers l'écran. La ligne est droite et parfaitement plate.

— Allez-y.

Par acquit de conscience, il jette un dernier coup d'œil.

— Attendez, elle a bougé !

Un soubresaut, rien, et puis un autre.

— Nom de Dieu ! Arrêtez !

La ligne inerte, symbole de vie, silencieuse, vient de lever le doigt.

— Ne faites rien. Appelez madame Donnadieu, vite, son mari sort du coma.

Branle-bas de combat ; tous les médecins s'affairent autour de moi. Maryse, Alexandre et

Guillaume entrent à leur tour dans la chambre où l'ambiance est survoltée.

— Bon sang, on allait le tuer !

Un bourdonnement sourd et constant, celui d'un réveil planqué sous l'oreiller, premier bruit ; un son qui me sort du silence de l'éternité. Entendre l'insignifiant, une note, et puis deux, et enfin la chanson d'une phrase. Les voix sont ouatées, graves et mélangées. Mes paupières scellées refusent de s'ouvrir, j'entends mon cœur battre, tempo régulier de cette cacophonie, des mains touchent ma peau, un parfum d'éther, mes lèvres s'entrouvrent et laissent passer un filet d'air dans ma bouche desséchée. J'ai l'impression de revenir d'entre les morts. Il y a quelques minutes, je ne pesais que quelques grammes. Maintenant je pèse des tonnes. Une sensation médicamenteuse, écrasante, me donne la nausée. J'ai envie de vomir mais je n'en ai pas la force. Le moindre effort me semble insurmontable. Respirer, bouger ne serait-ce qu'un petit doigt, ces gestes anodins ne m'ont jamais paru si compliqués. C'est comme si on me demandait de gravir l'Everest. Je dois tout réapprendre.

J'ai dormi trop longtemps. Je lutte contre mes paupières lourdes. Mes yeux s'ouvrent enfin, trempés des larmes de Maryse.

Elle éclate d'un rire nerveux. Je ne comprends rien. Où suis-je ? À la maison ? Chez Alexandre, que je reconnais derrière elle ? À l'hôpital ? Mais qu'est-ce que je fais ici ?

Mes deux bras sont reliés à des intraveineuses. Un appareillage imposant me laisse supposer que je me trouve dans une unité de soins intensifs. Que m'est-il arrivé ? Suis-je encore en danger ou bien tiré d'affaire ?

— Tout va bien maintenant, me répond une infirmière, comme si elle avait lu dans mes pensées.

Ça clignote de partout. Témoins lumineux multicolores, assistance respiratoire. On se croirait dans le cockpit d'un Boeing 747. J'essaie de parler. En vain. Un énorme tuyau coincé entre mes dents m'interdit le moindre son. Je suis comme un scarabée dans la vitrine d'un collectionneur, épinglé. Totalement impuissant mais parfaitement lucide, je me débats, panique. Maryse pose un baiser sur mon front et pleure de plus belle.

Comment suis-je arrivé ici ? Je ne me souviens de rien.

Un homme en blanc entre dans la chambre, suivi d'une autre infirmière. Sur sa poitrine, un badge : « Professeur Dutilleul, service neurologique ».

Maryse se retourne, lui adresse un sourire plein de reconnaissance.

Le ponte se penche sur moi, me soulève une paupière et décrète, sur un ton définitif :

— Il est tiré d'affaire. Encore quelques jours et il pourra rentrer chez lui.

Et il tourne les talons et sort de la chambre.

Des images resurgissent peu à peu. Je me rappelle être sorti de l'immeuble rue du Dragon… Pour aller où ? Je ne sais plus.

Je me souviens de cette porte cochère, de quelques pas au soleil, et puis c'est le trou noir.

On me dit que je suis là depuis un mois et demi, allongé, parfaitement immobile. Je n'arrive pas à y croire.

Maryse reste seule à côté de moi. La porte se referme, nous voilà à nouveau réunis. Elle continue de pleurer et ses larmes souriantes coulent sur sa bouche qu'elle écrase sur mes lèvres. Le goût salé de ses baisers mouille mon cœur. Je m'endors épuisé par ces quelques minutes de vie.

XVII

Nous sommes le 20 septembre, je sors enfin de l'hôpital. Maryse est venue me chercher avec les enfants.

Je vais revoir mon appartement, les objets de ma vie, tout ce qui constitue mon histoire, ma mémoire. Cette mémoire qui fait de nous des vivants.

Les premiers jours sont difficiles. Se réadapter à la vie, aux gestes de tous les jours après un accident cérébral, demande beaucoup d'efforts.

Et puis, avec le temps, je retrouve mes repères.

Je reprends le cours normal de ma vie. Après quelques semaines, tout est rentré dans l'ordre. C'est à peine si je me souviens encore de cette mésaventure qui a failli me coûter la vie. Tout est comme avant.

Comme avant ?

Mais non, certainement pas, tout a changé.

Pour commencer, j'ai dû prendre mon temps, impossible de virevolter comme j'en avais l'habitude. Et cette lenteur imposée m'a appris, réappris devrais-je dire, à apprécier les petites choses : Maryse m'apportant un café serré au lit, les enfants qui se roulent dans les draps, ce genre de bêtises qui font du bien quand on est encore groggy.

Et puis surtout, j'ai plein de projets en tête. J'ai très envie de reprendre les reportages à l'étranger. J'ai d'ailleurs commencé à me renseigner. Une société est intéressée. Évidemment, mon salaire se verrait considérablement amputé. J'en ai parlé à Maryse. Ça a eu l'air de lui faire plaisir, curieusement. Je vais sans doute commencer dès le mois prochain, et ainsi renouer avec mes débuts dans le journalisme. Ça pourrait passer pour de la régression. Mais je ne le ressens pas de cette manière, bien au contraire. Je ne saurais trop dire ce qui m'a donné cette envie. Le coma doit déclencher de drôles de trucs chez les gens.

Ça crie beaucoup moins à la maison, et pourtant nous y sommes tous plus souvent ; Maryse a retrouvé ses yeux d'amoureuse, je ne m'étais pas rendu compte qu'elle les avait perdus ; les enfants invitent des copains, et puis parfois aussi ils m'entraînent au parc, ils veulent faire du manège ; ça ne m'amuse pas follement pour être honnête, mais bon…

Bref, tout va mieux. L'accident aura au moins eu ça de bon.

Pourtant, de temps à autres, je suis en proie à de violents maux de tête. Ce phénomène, épisodique, devient de plus en plus fréquent.

Maryse s'alarme. Elle m'emmène dare-dare chez Dutilleul qui, dans un premier temps, ne trouve pas d'explication à ces étranges migraines.

On me fait subir toutes sortes d'examens. Sans succès. La cause reste inconnue.

Dutilleul emploie alors les grands moyens. Il me séquestre à nouveau quelques jours, me fait subir des tests encore plus poussés. Toujours rien.

Le verdict ne tombe qu'une semaine plus tard. L'imagerie médicale a décelé quelque chose d'étrange, un objet longiligne de quelques millimètres, coincé dans l'un de mes sinus.

Je passe aussitôt sur le billard. Le corps étranger est extrait sans encombre et soumis à l'analyse.

Sitôt les résultats connus, Dutilleul me convoque dans son bureau. Il a l'air très embarrassé.

— Je n'ai jamais rien vu de tel, me dit-il.

— Qu'est-ce que c'est ?

Il observe un silence et m'avoue, après une longue hésitation :

— C'est une patte d'insecte.

Je le regarde, éberlué.

— Une patte d'insecte ?

— Oui, une patte d'insecte. Probablement une mouche.

• • • SAGIM • CANALE • • •

Achevé d'imprimer en mai 2005
sur rotative Variquik
à Courtry (77181)

Imprimé en France

Dépôt légal : avril 2005
N° d'impression : 8549